Hagiografía de Narcisa la bella

Mireya Robles

Hagiografía de
Narcisa la bella

EDICIONES
del NORTE

Primera edición, 1985

portada: Julio Galán

©Ediciones del Norte, 1985
  P.O. Box A130
  Hanover
  NH 03755

Hagiografía de Narcisa la Bella

Narcisa nació en pañales en un rincón de la Ciénaga de Zapata; se había jurado en el tercer mes de gestación de doña Flora que vendría a limpiar el nombre de su madre obligándola a un parto que habría de caer, inescapablemente, dentro del matrimonio ya legalizado; Manengo se apresuró a nacer, exigió nacer en cuanto don Pascual mancilló el blanquísimo honor de doña Flora; Narcisa la Bella sabía que ella había venido al mundo para redimir las faltas de los demás, para taparlas, para enardecer a las multitudes agradecidas, agradecidísimas de sus virtudes, de su perfección, de su rotunda forma de gritar que todo está hecho a su imagen y semejanza; que ella es hermosa y que por lo tanto, todo es hermoso; allí estaba Narcisa, en las orillas de la Ciénaga, porque al salir del profundo canal de doña Flora, decidió que el mundo no merecía verla así, tan de pronto; aun con todos los líquidos placentarios resbalándole por el cuerpo, decidió desintegrarse, evaporarse de aquella cama plantada en un cuarto de una casa de una calle de una cuadra de

1

Baracoa y volar a la Ciénaga a meditar sobre los filósofos griegos antes de permitirle al mundo que posara sus ojos sobre su cuerpo; allí, de espaldas al suelo húmedo, empezó a visualizarse el momento supremo en que, subida en una tribuna, oyera con adoración su oratoria lanzada a gritos: "República, República, Platón, Aristóteles, y cómo olvidar a Sócrates, Krishna, Krishna, Krishna"; su pequeño cuerpo se regocijó tanto en estas visiones, que Narcisa olvidó que doña Flora podría estar buscándola desesperadamente al ver que el túnel se le quedó vacío sin que apareciera por allí su hijo nacido de matrimonio legal; Narcisa hizo un esfuerzo, afinó el oído, y recogió la voz de su madre a través de los kilómetros que separan las dos provincias: Pascual, Pascual, ¿dónde rayos se metió ese muchacho? a mí que no me vengan, que yo no voy a pasar por todo esto de la paridera para nada, pero Pascual, y tú, ¿qué esperas? don Pascual continuó con su rostro eternamente cerrado y serio, y sin moverse, de pie, trató de pensar en cómo resolver la situación; Narcisa lo vio preocuparse y sintió una perversa alegría en su preocupación porque lo había oído decir muy claramente: mira, Flora, mi hija, eso que tú tienes ahí en la placenta, procura que sea un macho porque, si es hembra, no quiero ni verla; al oír esto, Narcisa se había encogido en la placenta, sintiendo por vez primera un poco de terror; se pasó los ínfimos deditos índices por las ingles, más allá de las ingles, más al centro, y dolorosamente lo fue comprobando: ahí estaba la rajita minúscula que don Pascual parecía odiar en ella; día a día se dio a la tarea de comprobar, y a la hora de nacer, aun estaba ahí la rajita, tan imborrable, tan testaruda como siempre, y Narcisa pensó en su forma primera de jugarle la cabeza a su enemiga mayor: la realidad, y se armó del pañal con el cual nació para tapar la rajita; se dispuso a ir a su encuentro

2

del grupo reunido alrededor de la cama materna, pero antes, por esa costumbre de repetirse las cosas, se dispuso a oír aquella voz de don Pascual, grabada en su memoria: mira, Flora, procura que eso que tienes ahí metido sea un macho porque ya con Manengo me fallaste, es un blando, Flora, es un blando, no me vengas con que es muy niño, si ya se ve por dónde viene; procura que eso que tienes ahí dentro sea un macho; Narcisa se desconectó de la voz a golpe de voluntad y se dedicó a la faena de desintegrarse, fue separándose, átomo a átomo sin olvidar el pañal que la cubría; se trasladó rápido, de un tirón, y llegó a tiempo para que don Pascual se viera salvado de la tarea de *tener que hacer* algo; pero mira, Flora, si ahí mismo está eso, con pañal y todo; Narcisa sintió un enorme deseo de volver al hueco que había dejado su pequeño cuerpo en el suelo mojado; pensó que era demasiado pronto para empezar la lucha que hasta el final de su historia estaría marcada por sus gestos exagerados y los gritos que le harían hinchar las venas del cuello; a ver, Pascual, vamos a ver, esto que acabo de parir, ¿verdad que está lindo? Narcisa oyó por primera vez la risa bobalicona seguida por el llanto con el que tantas veces identificaría a doña Flora; se dio cuenta de inmediato de que doña Flora había reído y llorado como reiría y lloraría siempre que le llegara a sus manos algo nuevo, lo cual alabaría de primera intención, automáticamente, como contenta de la reciente posesión sin detenerse a pensar si le gustaba o no lo que estaba viendo, para después determinar, qué lindo, chica, sí, qué lindo y volver a reírse bobaliconamente y volver a llorar, o para afirmar con cara de moño: esto no me gusta, para qué me traen esto si esto no lo uso yo; Narcisa presintió esta frase en los labios de doña Flora, la sintió venir, pero la frase se detuvo, se quedó detrás de los dientes frontales de doña Flora, adherida al arco su-

3

perior; don Pascual, con su cara inmóvil de ídolo, se acercó al bulto; Narcisa sintió su mirada pegársele al cuerpo, colgársele al cuello y pensó que no era justo tener que llevar ese peso tan tempranamente; con un gesto instintivo, trató de defenderse, cerró las piernas, las apretó, las acuclilló contra el pequeño vientre a-bombado, pero la mano fuerte de don Pascual se las separó de un tirón; sintió que le arrancaron el pañal y la separación se le hizo dolorosa, como si le hubieran arrancado un pedazo de piel; la mirada de don Pascual cayó pesada en el sexo pequeño, buscó detenidamente, como si el tiempo fragmentado en minutos fuese capaz de producir un cambio; esperó, esperó un tiempo infinito que se fue condensando, que se fue espesando haciéndosele difícil escapar de él; había soñado con un hijo que llevara en pulgadas rectas y redondas, generosos pedazos de carne utilizables como símbolos de hombría; pulgadas rectas que en el trámite apurado de probar hombrías, golpearían los túneles hundidos en cuerpos sin rostro, porque el rostro poco importaba, ni el cuerpo ni ningún otro rasgo concreto o etéreo, sólo el trámite apurado de probar la hombría; y ahora aquello delante de él, aquella abertura insignificante pegada a un cuerpo pequeño que se le antojó de pronto desmadejado, vencido ante una realidad que por el momento se le había hecho imposible esconder; don Pascual giró sobre sí mismo, dándole la espalda a aquello que había dejado sobre la mesa donde él lo había colocado para un escrutinio más cercano; doña Flora no se atrevió a decir nada, continuó sin sentirse culpable, sólo un poco molesta ante la expresión de vacío, de casi asco que se llevaba don Pascual prendida en el rostro; sí se sintió confundida ante la situación y sólo atinó a preguntar: Pascual, Pascual, ¿cómo le ponemos a esto? don Pascual continuó alejándose sin mirarla mientras le dirigía una voz resentida y firme: la Sin Nombre, ponle la Sin Nombre si te da la gana; doña Flora se quedó pensándolo un poco, dejó pasar los días, llegó a la conclusión de que eso de la Sin Nombre no estaba del todo bien para una niña que acababa de nacer y que no tenía participación en el acto de escoger su nombre; doña Flora caminaba pasos sin propósito recorriendo toda la casa, llevaba una sonrisa de beatitud que se hacía levemente grotesca cuando dejaba escapar todo el peso de la sonrisa por la parte derecha del labio inferior, hasta dejarlo medio descolgado; se sentía llevada por el pequeño placer de escoger ella un nombre sin que Pascual le arruinara estas ilusiones imponiéndole el nombre de su mamá, o de una tía, o de la hermana que murió de tifus cuando Pascual tenía once años; todos eran nombres rancios, engavetados, momificados, y a Flora le causaba fastidio pensar que tendría que pasarse toda una vida usando uno de esos nombres horribles para llamar a aquello que ahora yacía de espaldas en la cuna que antes había usado Manengo; ya bastante tenía con no haber podido escoger el nombre de su primer hijo y se hubiera tenido que ver condenada a llamarlo Pascual, tener en sus labios ese nombre aborrecido de no ser porque su comadre Pancha empezó a llamarlo con el apodo de Manengo y porque ella hizo de esto una costumbre en la que cayó también Pascual, casi sin darse cuenta; doña Flora se había dirigido al fregadero de la cocina, empezó a lavar los vasos que habían usado ella y Manengo en el almuerzo, estregó con el guisopo el resto de jugo de naranja que había hecho ella misma exprimiendo las mitades de naranja en el exprimidor de cristal verde, lavó los platos hondos que guardaban aun un resto de puré de frijoles colorados; casi sin darse cuenta había pasado ya a los dos platos llanos que dejaban ver en el fondo blanco unas vetas de yema de huevo y unos granos de arroz; el sartén y el caldero se quedarían para la noche, ya estaba ella cansada de fregar y total, dentro de un rato, con la perenne obligación de tener que cocinarle a Pascual, tendría que volver a embarrarlo todo, y volver a fregar; cerró la llave del agua y se secó las manos en el delantal mientras dirigía su cuerpo bien envuelto en carnes a la puerta de la cocina donde asomó la cabeza como buscando a Manengo; ¿dónde andará ese muchacho? atravesó el comedor, dio unos pasos hacia la sala y allí lo encontró, desnudo, sentado en el suelo, absorta la vista en unos yaquis que estaban regados en el piso y que él levantaba uno a uno con la manita izquierda hasta llevarlo al nivel de sus ojos y allí lo examinaba detenidamente mientras estiraba con su mano derecha el pellejito colgante de su pequeño pipí; Manengo, Manengo, déjate eso ya, alabado, te lo vas a estirar tanto que un día se te va a romper; doña Flora podía haberse puesto brava ya que desde hacía un año estaba detrás de Manengo para que dejara de una vez de estirarse el pipí; el mes pasado, mientras le celebraban su segundo cumpleaños, en el momento de apagar las dos velas, Manengo decidió estirarse el pipí allí, parado en una silla, delante de todos los invitados que eran en su mayoría vecinos y conocidos de la barriada; doña Flora perdió un poco la serenidad que había venido guardando para el momento en que le tomaran la foto familiar con don Pascual, Manengo, y aquel bulto que se escondía aún en su vientre; se abrió paso entre el grupo y gritó de mal genio, muchacho, condenado, déjate ya el dichoso pipí y sopla, sopla, porque si no te las voy a hacer apagar yo; Manengo soltó su pedacito colgante no tanto por obedecer a doña Flora sino por dejárselo descansar un rato porque había pasado el día entero en la estiradera y empezaba a dolerle un poco; doña Flora se sintió calmada por lo que ella creyó una obediencia y cambió de tono al dirigirse de nuevo a su hijo, a ver, mi hijo, sopla, sopla; Manengo se quedó parado en la silla sin ningunas intenciones de soplar, se inclinó un poco para explorar con los dedos el merengue azul y blanco que tenía delante; mira, mi hijo, sopla, así, así; y en la demostración, apagó doña Flora las dos velas, y entre los aplausos de los vecinos, empezó a cortar el cake; Manengo exigió el primer pedazo que salió de aquella masa redonda y deliciosa; don Pascual parecía deslizarse entre los invitados, con el gesto cerrado; apenas movía la cabeza para asentir de mala gana cuando le decían, qué orgullo, tener un macho en la familia, míralo allí, lo atareado que está con el cake, si parece un hombrecito comiendo, yo te digo, Pascual, que ese chiquito va a ser todo un hombrón; don Pascual levantó un poco el lado derecho del labio superior, formando un gesto indescifrable de disgusto o extenuación, se alejó de aquella voz que no deseaba oír y fue a dar sin proponérselo al grupo de mujeres encabezado por Flora, en el que se planteaban las mejores recetas para hacer cake; llegó en el preciso momento en que todas admiraban a Flora por haberles participado que el gusto delicioso de ese cake estaba en la cáscara rayada de naranja que ella le había puesto; don Pascual se reconoció fuera de lugar, estaba impaciente; aquella fiesta en honor a Manengo se alargaba demasiado; se sintió aliviado cuando llegó el momento del retrato familiar; el vecino de al lado brindó su cámara y se brindó él como fotógrafo; Manengo se resistió a moverse de donde estaba sentado y Flora y Pascual hicieron lo que pudieron para ponerse al mismo nivel de su hijo; todos se pararon para contemplar la toma de la foto y alguien gritó: abrácense y sonrían, pero ninguno se movió, aunque sí trataron de forzar una sonrisa; doña Flora se inclinó hasta el suelo para recoger los yaquis; había ya recogido uno cuando sintió el tirón de Manengo y el yaqui deslizándose de su mano; Manengo estiró las piernas, las puso rígidas como las ponía cuando le iba a dar una rabieta; Flora vio su pequeña mano cerrada en puño, estirando, estirando; doña Flora hizo el gesto de alzar el brazo para darle un manoplazo pero se contuvo porque este incidente seguido de la perreta prolongada de Manengo, le interrumpirían el proceso de buscarle a la Sin Nombre una forma de llamarla; siguió dando algunos pasos inútiles, se sentó en un balance, se meció por un rato, se dirigió a la sala, vio a Manengo dormido en el suelo, boca arriba, con las piernas abiertas como una rana; pensó que sería ésa una buena idea, dormir una pequeña siesta y después oír la novela de las tres; tal vez en el sueño le darían una forma de llamarle a la Sin Nombre; se acostó en su cuarto, en la amplitud de la cama camera, trató de quedarse dormida y lo logró a medias; le interrumpían el sueño, como otras veces, las imágenes anticipadas de la novela, se preguntaba si Rosalía del Cueto sería en realidad la hija de don Alberto y si ése sería el secreto que guardaba o si el secreto sería que llevaba en sus entrañas el hijo de Justo Beltrán, pensar que ya Rosalía iba a decir el secreto que la había mantenido desmadejada en cama tanto tiempo, cuando la música de la estación vino a interrumpir y a cortar el hilo de la novela totalmente, hasta hoy a las tres; ella, en cuanto empezaba la música, se iba de al lado del radio por no decirle un disparate al locutor, de todas formas, no le gustaba hablarles a los locutores, aunque tampoco les apagaba la voz porque comprendía que eso era parte del programa: ésta es la CMQ, Partagás, el cigarro que gusta más, el desquite lo da Piedra; Trinidad y Hermanos, pruebe y compare; Kolonia con K, después del baño; Iromber, el refresco de los que saben beber; Crusellas y Compañía, use siempre jabón Hiel de Vaca de Crusellas; y después de eso, la música, y después de la música sí apagaba porque ya empezaban las noticias y eso del boletín de última hora no le interesaba; cuántas veces le había dicho ella a Rosalía del Cueto, sí, zorra, tú le podrás decir a don Alberto que no conoces a Justo Beltrán, pero a mí no me puedes venir con esos cuentos porque en el programa del lunes pasado Justo te besó y tú le dijiste con mucho misterio y muy entre dientes que tenías un secreto que él tenía que saber urgentemente, pero te tardaste tanto en decírselo que la música del órgano se metió por el medio y se quedó todo el mundo sin enterarse y de contra hace una semana que estás ahí tirada en la cama y no acabas de decir nada; y ya Justo Beltrán se fue a Chile a trabajar en unas obras como ingeniero; el único que queda por aquí es don Alberto y si tú no acabas de decirle nada, ¿cuándo nos vamos a enterar? por fin ¿es que alguien te dijo que don Alberto no es tu padre? porque ya con tu mamá, bueno, con ella yo sospeché que buena zorra que era, y para mí que tú de quien eres hija es de Ricardo, el viajante de farmacia que cada vez que venía al pueblo se metía en casa de tu mamá y después de la taza de café que se tomaban en la sala nos ponían la música y después todo eso de Hiel de Vaca de Crusellas, pero a mí no se me va una y eso de la musiquita era para tapar la falta de tu mamá; doña Flora se levantó acalorada y rabiosa contra Rosalía; estaba acostumbrada a dedicarle horas a la solución de estos problemas radiales y agradecía infinitamente que Pascual le dejara tiempo libre y se fuera noche a noche al café, como decía él, y sobre todo, que viniera con los calzoncillos llenos de pintura de labios, porque estas putas son árnica, alabado sea, y lo hacen a puro intento para que suframos las esposas, pero a mí, ellas no saben el favor que me hacen porque Pascual podrá estarle agarrando las nalgas a las mujeres en el trabajo, que ya se lo he dicho, mira, Pascual, esto ha llegado a mis oídos y mira bien lo que tú haces porque si pierdes ese empleo a dónde vamos a parar; pero con este condenado no se va a ningún lado, él siempre lo mismo, mira, Flora, mi hija, yo no sé de qué tú me hablas y con la misma cara cerrada que trae siempre, se desaparece para el café; y si estas putas creen que me hacen un mal, pues mira, qué gracia me hace eso, porque por mí, encantada, como yo digo, Pascual agarrará nalgas todo el día, pero a la hora de la hora, él sólo puede disparar un solo tiro y si ustedes se lo sacan por mí, pues miren, yo, encantada, y más que encantada, que si hay algo que a mí no me interesa es que se me encarame encima y vamos Flora, acaba de abrirte, mi hija, ¿hasta cuándo vas a estar con las piernas pegadas, crees que yo puedo solucionar esto así, por arte de magia? y no hay manera, ya por quitármelo de encima, me abro de patas y cuando veo que no acaba de solucionar, empiezo a empujarlo por los hombros para que se desencarame y cuando no puedo más, se lo tengo que decir, vamos, Pascual, acaba ya, ¿hasta cuándo vas a estar en lo mismo? pero cuando ustedes le embarran el calzoncillo de pintura de labios, ya yo sé que esa noche no me toca pasar el mal rato y antes de dormirme puedo dedicar una hora o dos a solucionar lo de Rosalía y a preparar lo que le voy a decir en el programa de las tres; Pascual se cree que yo soy muy celosa porque en cuanto llega le registro la ropa, y aunque yo no quiera se me va aquello de vaya, ya está el calzoncillo embarrado de pintura, él se queda mirándome con una sonrisa de vencedor porque cree que he podido comprobar su hombría y se mete en la cama para llenar el pedazo pequeño que necesita para su tamaño y cuando lo siento roncando su ron, me pregunto, y este enano de hombre, ¿quién se cree que es? doña Flora miró el reloj y comprobó que eran las 2:30 de la tarde; se tranquilizó al ver a Manengo aún con las piernas abiertas, rendido, dejando algún sudor en el suelo; se dirigió a la cocina, sacó del armario de trastes el colador para hacerse un café bien fuerte para quitarse la modorra del mediodía; colocó el estantico consistente en cuatro palitos de madera dispuestos perpendicularmente como aristas de rectángulo sujetas por un pisito cuadrado de madera, a una altura de una pulgada, donde se coloca el jarro en el que cae el café ya colado; por la parte de arriba, las aristas van unidas por otro cuadrado de madera en cuyo centro se le ha sacado un círculo por donde se coloca la manga de tela sujeta con un aro de alambre, donde se echa el polvo de café; doña Flora fue generosa y virtió varias cucharadas de polvo y algunas otras de azúcar mientras calentaba agua en la hornilla de carbón; cuando sintió burbujear el agua, la fue vertiendo en la manga y esperó a que el chorro llenara el jarro de peltre; sacó la tacita y la llenó hasta el tope y se fue a sentar en el balance para saborearlo a su gusto y para darle un último repaso a las frases con las que se enfrentaría a Rosalía del Cueto, empezando porque si yo hubiera sido tu mamá, no te hubiera puesto ese nombre, mira que ponerte nada menos que Rosalía, ya eso es lo último, llamarte igual que la Rosalía Martínez que tanto me mortificó en la escuelita paga del campo, cuando yo vivía en la finca de mi papá, bueno, y tú, Rosalía Martínez, ¿por qué tienes que reírte de mi papá ni de mi familia ni de la finca? si no le sacamos más a la finca es porque ese terreno está lleno de piedras y contra eso no hay quien pueda, seremos humildes, pero eso de reírse de nosotros es un abuso y porque tu papá sea hacendado no te da derecho a llamarle penco a mi papá, mira, si yo no te digo cuatro cosas es por no buscar rollos y porque la decencia está en el silencio, pero cuando estoy en la finca y me acuerdo de ti, eso es lo que digo, so penca, eres una penca; y ahora resulta que a ti también te ha dado por llamarte Rosalía, bueno, está bien, no serías tú quien lo escogió, habrá sido don Alberto o la zorra de tu madre o a lo mejor el Ricardo ese, pero sería mejor que te hubieran llamado Narcisa, la mujer que se enamora del agua y razón tiene de enamorarse porque Pascual que siempre está trabajando en oficinas de salubridad, sabe la importancia del agua y de los acueductos, así es que tú, Rosalía del Cueto, por dichosa te deberías de dar si te llamaran Narcisa; después del último sorbo de café, doña Flora vio accidentalmente la esfera del reloj de la sala marcando las 3:05; quiso verificar en qué andaba Manengo: lo vio acostado, sujetando con las dos manos una pelota de goma flexible, dándole vueltas, haciéndola girar entre los dedos y mirándola detenidamente; se paró sin hacer ruido y con paso apresurado fue a servirse otra tacita de café; sintió la intranquilidad de la novela, ya segura que Rosalía había dicho el secreto y ella se perdió todo eso después de esperar tanto, pero con alivio comprobó que no se había perdido nada, que Rosalía estaba todavía en cama y sin querer hablar, y que Toya, la criada negra que la vio nacer, le traía en ese momento una tisana de tilo para calmarle un dolor y un sufrimiento muy grandes cuyo origen nadie hasta la fecha podía sospechar; el programa se deslizó sin escenas de importancia y tal vez por ese motivo, doña Flora se abstuvo de discutir con los personajes pero tal vez también porque tenía su mente en otra cosa, en aquello del nombre, después de todo, si ella tenía la potestad de escoger y no escogía, ¿qué derecho tenía a que le dieran estas oportunidades? después de la música, Hiel de Vaca de Crusellas y Kolonia con K, apagó el radio y se quedó absorta, como meditando profundamente; volvió despacio a la realidad para recordar que ya le tocaba el baño a Manengo; le pesaba levantarse del asiento sin haber solucionado lo que tenía que solucionar; mientras desprendía de la pajilla las nalgas sudadas, sintió que la casa toda se iluminaba con el nombre enorme y certero de NARCISA; se dirigió a la cuna, allí estaba aquello con los ojos redondos, fijos en el techo, casi sin moverse, con los pañales empapados de tantos orines que doña Flora había dejado acumular no por descuido sino por tener que atender a otras cosas, estar pendiente de Manengo, solucionar todo aquello de Rosalía del Cueto; doña Flora se inclinó un poco sobre la cuna y dijo con un casi aire de triunfo: Narcisa, eres Narcisa; el pequeño bulto continuó inmóvil pero por vez primera sonrió un poco para dar señales de que aprobaba su nombre; doña Flora recorrió con la vista a la que acababa de salvar de ser para siempre la Sin Nombre, notó el pañal empapado, se resignó a la tarea de cambiarlo, zafó los alfileres de niñera y al abrir la tapa del pañal vio los labios hinchados, comidos por el salpullido y se asombró de que Narcisa hubiera pasado así tanto tiempo sin llorar; le pasó una toallita de tela antiséptica húmeda por entre las piernas, le puso vaselina, fue a la cómoda para coger el talco pero pensó que en las condiciones que estaba, el talco le irritaría más, y se dispuso a cambiarle el pañal; se sucedieron los meses sin poderse enterar cuál había sido el secreto de Rosalía porque ella le gritó tanto en el momento de decirlo, que Manengo se despertó asustado y dio una perreta, total, si ella no le hubiera gritado a Rosalía, acaba, acaba ya de hablar, que yo sé quién eres tú, de todas formas, Rosalía hubiera dicho el secreto y ella lo hubiera podido oír; doña Flora se sentía defraudada porque don Alberto, Toya y todos los demás sirvientes y amigos participaban en la boda feliz de Rosalía y Justo Beltrán con viaje de novios ya preparado para Chile donde Justo seguía siendo ingeniero, pensar que todos ellos sabían el secreto que ella se ha perdido por una imprudencia, pero así es la vida, bueno, mejor suerte tendré en la próxima novela, "La Maltratada sin Perdón", por lo pronto, hay que ir pensando en cómo se celebra el cumpleaños de Narcisa que ya está al reventar, yo, la verdad, que no estoy para batir cake ni estar pasando tanto trabajo, únicamente que Pancha haga un helado en la sorbetera como dijo que lo iba a hacer, pero como la gente habla por hablar y promete mucho y después nada, vamos a ver con qué se sale Pancha; esa tarde, viernes, don Pascual se adelantó a su hora habitual de llegada, Flora, de mala gana, se levantó del balance para alcanzarle una camiseta y un calzoncillo limpios, una toalla y el jabón, es decir, para prepararle el baño a don Pascual, como todos los días; don Pascual vino más serio que nunca, se dirigió a su mujer con un tono ofensivo, qué, me imagino que ya Martinita la mujer de Armando Brito te lo habrá dicho, ¿no? doña Flora lo miró tratando de entender hasta que su marido aclaró, nada, que Armando está empeñado en que nos pasemos un par de días en su casa de la playa por allá por Maisí, pero yo le expliqué que tengo un compromiso para el sábado y el domingo y que tú seguro que no quieres ir; doña Flora echó la risa bobalicona de los regalos y después comenzó a llorar, claro que quiero ir, Pascual, ¿cómo no voy a querer ir? imagínate, bañarnos con Manengo en el mar y pasar un par de días en la playa, qué maravilla, ¿cuándo nos vamos? don Pascual no pudo esconder su mal gesto al contestarle, esta noche nos viene a buscar el cuñado de Armando en el jeep, podemos regresar con él el domingo, este fin de semana Armando y la mujer se lo van a pasar en Santiago; doña Flora le transmitió su entusiasmo a Manengo quien se dejó bañar, vestir y entalcar sin ofrecer grandes complicaciones; preparó dos maletines viejos con ropa y dos jabas con frutas y cosas de comer porque Armando no había mencionado que la comida estaba incluida en la invitación; se dirigió al cuarto de Narcisa y empezó a sacar pañales de un gavetero, se quedó mirando el bulto con un gesto que Narcisa pudo leer muy claramente: ¿para qué me han traído esto si yo no lo quiero? pero las palabras se le quedaron pegadas en el arco de la boca y Narcisa *supo* sin tener que oír; doña Flora, mientras acomodaba los pañales, sintió una alegría infantil pensando qué haría Manengo en el agua y eso sí lo oyó Narcisa en alta voz: cómo va a gozar ese Manengo, yo quisiera verlo en el agua; doña Flora, inclinada sobre la jaba, saltó por lo inesperado de un ronquido gordo y estentóreo que salió de la cuna de Narcisa; cuando se sobrepuso un poco, doña Flora se acercó y vio un hilo negro que le caía de la comisura izquierda del labio y le recorría la cara y el oído como una fina serpiente de petróleo; doña Flora se apresuró a limpiar aquello con papel de inodoro el cual tiró rápidamente en el cesto de la basura; terminó de llenar la jaba y se la llevó para la sala; don Pascual se acercó en chancletas de baño, camiseta y calzoncillos: ya terminé de bañarme, Flora, por qué no te bañas tú para que acabes de servir la comida, tengo hambre, pero ven acá, y ahora ¿a qué viene esa cara de peste que has puesto? ¿tú no querías ir a la playa? bueno, mi hija pues vamos y se acabó; doña Flora se quedó mirando fijamente hacia un punto indefinido, no sé, Pascual, ahora lo único que falta es que se nos fastidie este paseo, es lo único que nos faltaba; don Pascual la miró con aburrimiento, está bueno ya, mujer, está bueno ya, acaba de bañarte; doña Flora desapareció en el cuarto, salió de nuevo en bata de baño trayendo en una mano una toalla y en la otra, una Kolonia con K; terminado el baño, aún en bata, doña Flora sirvió la comida, congrí de frijoles colorados, carne mechada, yuca con mojo, plátanos fritos; Manengo exigió que se le sirviera el primer plato; Pascual accedió porque eso de exigir es cosa de hombres y es una cualidad que a él nunca se le ocurriría borrar en su hijo varón; doña Flora abrió la portezuela de la pequeña nevera, comprobó lo que había y después, oye, Pascual, ¿qué quieres, una cerveza Cristal o una Hatuey? ya te he dicho que lo que tomo es Polar, quién te mete a comprar otras marcas que yo no te he pedido? bueno, chico, ¿qué quieres que yo haga, el bodeguero de la esquina me dijo que no tenía más Polar, así es que quieres cerveza o no? don Pascual la miró como para darle el parón que ella se merecía pero tenía hambre y no quería dilatar más la cena con un pleito; dame la Hatuey; para disgusto suyo vio que Flora se plantó la cerveza Cristal delante del vaso, eso es lo único que falta, que le dé por tomarse mis cervezas; el primer mordisco de carne mechada le pareció delicioso, pero no se le ocurrió alabar a Flora porque ¿qué se ha creído ella que porque su mamá nació en Mantilla, cerca de la Habana, y porque ella heredó de la madre eso de decirle al guineo, plátano manzano y de decirle a la tienda de la esquina, la bodega de la esquina, ya tiene derecho a rebelarse si yo protesto por la Polar? pero ¿qué se habrá creído esta generala? casi al terminar se dio cuenta don Pascual que por culpa de Flora no había podido disfrutar la cena y se hizo el propósito de concentrarse en el postre de cascos de guayaba con queso crema, y después, el café acabado de colar, pero cuando estaba comiéndose el segundo casco, levantó el tenedor apuntándolo a doña Flora: si cocinaras así todos los días, daría gusto comer en esta casa, pero casi siempre te sales con cada cosa; doña Flora, sintiéndose respaldada por la cerveza, le salió al paso, casi saltándole, bueno, y con la basura que tú traes, ¿tú crees que eso alcanza para algo? esto de hoy es porque acabas de cobrar, pero si no, entre la basura que tú ganas y lo que te cuesta la pintura en los calzoncillos, pues ¡vete a ver qué va a alcanzar! bueno, Flora, si no te gusta eso ¿qué se le va a hacer? ¿tú quieres que yo sea maricón? y al decirlo, miró a Manengo que en ese instante abandonó los cubiertos en el plato para sostenerle la mirada, retándolo; hacia las 9:00 de la noche llegó Luis, el cuñado de Armando; doña Flora acababa de fregar y de preparar dos sandwiches con la carne mechada que había sobrado; Luis ayudó con los paquetes, doña Flora sugirió, Pascual, lleva tú a Narcisa y yo me encargo de Manengo y de una de las jabas; don Pascual hizo un marcado gesto de disgusto antes de exclamar, no, de eso encárgate tú; doña Flora se llevó a la Sin Nombre arropada, como los muñecos que sacan en las películas cada vez que van a enseñar un bebé; pensaba llevarla con ella en el asiento de alante, que es el que ella escogía las pocas veces que montaban algún vehículo, pero Manengo exigió ir alante también y el bulto pasó al asiento de atrás, con Pascual; el movimiento del carro, la cena y la cerveza, le dieron sueño a Pascual, que, para acomodarse, empujaba el bulto arrinconándolo más y más, hasta que se quedó dormido; Narcisa sintió la asfixia del peso de su padre, una asfixia que se hizo casi dolor, pero no protestó: fijó los ojos al techo de lona y esperó el final del recorrido; su primera experiencia con la playa le fue grata a Manengo; se sentó bien a la orilla dejando que el agua le mojara los pies; llevaba una trusita de lana roja y un cinto blanco, de tela de lona; doña Flora llevaba su trusa de lana negra en la que resaltaba su cuerpo blanco y enorme; don Pascual en su trusa de lana negra, se veía prematuramente fláccido, sobre todo en esa masa que le caía debajo de las tetillas; su cuerpo contrastaba con la dureza firme y mantenida de su mirada de titán silencioso; don Pascual dirigió su figura pequeña y segura hacia el mar; al pasar por el lado de doña Flora, aún sentada en la arena, le pregunta sin interés y sin esperar respuesta, ¿qué, Flora, no te das un

17

chapuzón? doña Flora, sin cambiar la sonrisa de disfrute que le ocasionaba el conjunto de arena, el sol, y la cercanía del agua, le contestó sin pensar lo que decía: sí, ahorita, ahorita me voy a bañar; don Pascual caminó hasta la orilla para acercarse a Manengo; sin decirle nada se adentró en el agua para demostrarle en silencio cómo se nadaba; para demostrarle más que nada, que él, don Pascual, sabía nadar; Manengo estaba entretenido con tres caracoles que acababa de recoger y no les prestó atención a las nadadas y zambullidas de don Pascual; cuando ya éste se cansó de tratar de impresionarlo, decidió salir del agua y acercarse otra vez a Manengo; mira, mi hijo, ven acá, ven con tu papá, que te voy a enseñar a zambullir como los hombres, ven, dame la mano y camina conmigo; Manengo le dio la mano a su papá y se paró, no porque tuviera la más remota intención de dejar que lo zambulleran, pero sí porque deseaba adentrarse un poco en el agua y tenía miedo de estar solo; doña Flora al ver a su hijo con don Pascual, se dirigió a ellos olvidando el bulto que había dejado en la orilla; cuando se les acercó, echó la risa bobalicona que le salía a empujoncitos, el llantico después, y con lo que parecía una genuina emoción, comentó contemplándolos: mira qué lindo se ve el niño, qué lindo se ve con su papá; al terminar esta frase ya Manengo se había plantado donde el agua le daba hasta las rodillas y se resistió a seguir caminando; cuando don Pascual trató de alzarlo en sus brazos, Manengo se zafó de un tirón, se estiró el pipí con la mano derecha y entiesó las piernas como si le fuera a dar una rabieta; don Pascual movió la cabeza sin intentar sujetar a Manengo, miró de frente y agradeció ver allí a Flora para poder desahogarse con alguien, qué va, es inútil, a este muchacho no le gusta nada que sea de hombres; doña Flora no hizo comentario alguno porque no quería arruinarse una mañana que prometía ser hermosa; caminó unos pasos adentrándose en el agua y se dio un baño de asiento; se estuvo largo rato disfrutando el agua cuando notó que las pocas gentes que estaban en el agua, se apresuraban a nadar hacia la orilla, sobre todo los que estaban a su derecha, como a medio kilómetro de distancia; un muchacho como de catorce años le pasó de cerca corriendo, ella lo atajó a golpe de voz: oye, ¿qué pasa? ¿por qué corre la gente? el muchacho, delgado y ligero, se detuvo unos segundos, nada, una peste, señora, una peste como a bisulfuro, y el mar que se está poniendo negro por aquella esquina de allá, todo viene de esa cosa muerta, de ese animal muerto que se ve flotando allí, con la barriga hinchada; doña Flora recordó entonces el bulto que había dejado en la orilla y se sobrecogió al comprobar que no estaba allí; recordó que en el momento en que ella alababa a Manengo, qué lindo se ve el niño, qué lindo se ve con su papá, a ella le pareció oír el grito enronquecido en el que reconoció a Narcisa, pero en aquel momento no había querido detenerse, desviarse de la hermosa visión del niño con su padre, pero ya era imposible desentenderse de aquello; tuvo que dejar su baño de asiento y se encaminó chorreando agua, Pascual, Pascual, Narcisa no está, Narcisa se ha desaparecido, vamos a ver si la encontramos, ¿dónde estará? ¿dónde podrá estar? don Pascual detuvo a su mujer agarrándola firmemente por el brazo, allí está, flotando en el mar, mira que ocurrírsele ir a flotar en el mar; doña Flora aceleró el movimiento de sus masas, pero alabado, Pascual, haz algo, no te quedes ahí, haz algo; no hay nada que hacer, Flora, ésa no se va tan fácilmente, ya verás que vuelve por ella misma, ya verás que ahorita la tenemos aquí otra vez; la playa se despejó de gente y permaneció vacía aun cuando el agua se fue aclarando; don Pascual siguió zambulléndose un rato más; doña Flora siguió en la arena, abanicándose con una penca de cartón y mango de madera, con una foto de Betty Grable por delante y por detrás, un anuncio de "La Comercial, la tienda del pueblo"; Manengo continuaba sentado en la orilla, medio metido en el agua, inspeccionando los mismos caracoles; don Pascual se puso firme, de pie, le dio un par de palmadas al agua como para despedirse, se escurrió con las manos el agua de la cara y se encaminó hacia la orilla, oye, Flora, ¿hasta cuándo vamos a estar aquí, en esto? yo tengo hambre y no puedo aguantar más, son las tres de la tarde y aún sin almorzar, mira, no me vengas con eso de sandwiches y fruta, yo, si no es un almuerzo caliente, es como si no hubiera comido, si tú quieres quédate, allá tú, pero yo me voy al Ranchón a almorzar, que ya es hora; doña Flora cesó el movimiento del abanico, se paró ayudándose de las manos, llamó a Manengo que no se movió hasta que vio que sus padres comenzaron a alejarse y entonces, salió detrás de ellos, corriendo ligero; en el Ranchón, don Pascual ordenó del menú pegajoso de grasa, sin consultar con su mujer, mire, traiga una orden para dos, de enchilado de cangrejo y ñame hervido y una cerveza Polar para mí y dos vasos de agua; doña Flora saltó, mire, camarero, para mí, una Hatuey bien fría; Manengo también exigió, golpeando la mesa con su pequeño puño: ¡Coca Cola! el camarero añadió en la cuenta sin consultar con don Pascual, una Hatuey, una Coca Cola; el enchilado, cocinado en cerveza, con salsa de tomate, ajo, cebolla y aceite español, resultó delicioso; después del almuerzo, don Pascual insistió en ir a la casa a dormir una siesta, esa segunda Polar lo había dejado amodorrado en el calor de la tarde; doña Flora le quiso sugerir algo, pero no lo hizo, se limitó a seguirlo llevando de la mano a Manengo; ya en la casa, cada uno se acomodó para dormir; don Pascual y su mujer, en la cama camera del cuarto principal; Manengo, en un catre de lona que había en la sala; durmieron una siesta prolongada y profunda, de la que salió primero, con un poco de sobresalto, doña Flora; se llevó la mano al pecho para limpiarse el sudor con la tela del vestido; se sentó en la cama, con el pañuelo que había dejado sobre la mesita de noche, se secó la frente; miró a don Pascual deseando poder despertarlo con un acto de voluntad mental, pero don Pascual seguía dormido; sintió a Manengo caminar por la casa, lo vio venir de prisa hacia don Pascual como un pequeño toro que va a embestir; doña Flora no lo detuvo, lo vio alzar el pequeño puño y dar un puñetazo en la barriga blanda de su marido mientras soltaba con voz de mando: ¡Coca Cola! don Pascual dio un brinco y abrió los ojos sin comprender a ciencia cierta qué es lo que había ocurrido; doña Flora no le dio tiempo para analizar la situación; antes de que su marido comenzara a enfurecerse, habló con cierta premura, alabado, Pascual, menos mal que ya te despertaste, es mejor que nos apuremos antes de que anochezca, recuerda que tenemos que volver a la playa; don Pascual pasó por alto lo del puñetazo, y le ordenó entre bostezos a su mujer que le preparara el baño, se sentía molesto con el salitre pegado al cuerpo y no estaba dispuesto a salir a ninguna parte sin bañarse primero y lo mismo debían de hacer ella y Manengo, que la sal tanto tiempo en el cuerpo hace daño; doña Flora no quiso protestar por temor a que su marido se negara a volver a la playa; le preparó el baño y cuando él terminó y mientras se vestía, bañó a Manengo y lo vistió y le regó un poco de Kolonia con K, por último, se bañó ella rápidamente, se puso un vestido de peterpán sin mangas, azul claro con unas florecitas azul fuerte, y tomó a Manengo de la mano para que su marido interpretara en el gesto que era hora de salir; don Pascual se acabó de arreglar los tirantes y siguió a su mujer de mala gana; al llegar a la orilla, ya el atardecer iba pasando y una sombra azulosa cubría la arena; caminaron los tres tratando de no mojarse demasiado los zapatos; don Pascual caminaba de una forma casual, balanceando con su mano la mano pequeña de Manengo que se sometía a esta intimidad con el padre porque no le hacía gracia esta casi oscuridad, ni el vacío solitario de la playa; doña Flora caminaba delante, mirando al suelo, buscando, buscando atentamente hasta divisar el contorno, el bulto aquel hecho de carne y envoltorios de tela; lo recogió en sus brazos y puso al descubierto la cara de Narcisa para decirle con cierta ternura que Narcisa recibía de su madre por primera vez, alabado, mi hija, mira cómo te has puesto; Narcisa no pudo resistir este momento sentimental sin respirar profundamente, como si se le fuera a escapar un sollozo que se vio interrumpido por la voz de mando de su madre: a ver, Pascual, vira ya, que ya se resolvió todo, ahora, lo que quiero es llegar pronto a la casa para cambiarme el vestido porque este bulto me ha empapado toda; al llegar a la casa don Pascual se apresuró a oír el radio para ver el resultado del juego de la tarde; él es almendarista y le había dicho el camarero que el equipo de Cienfuegos estaba ganando; doña Flora se resignó a no poder oír ningún programa de radio que aunque no eran tan buenos como las novelas, algo la entretenían; Manengo estaba sentado en la sala cerca de su papá pero independiente de él, preocupado aún por los caracoles que había recogido en la playa; doña Flora se sentía más cómoda ya, con una batica de piqué, seca y fresca, se recostó en la cama hojeando una "Vanidades" con la esperanza de encontrar noticias de sus artistas preferidos, pero nada, ni una letra de Olga Chorens, ni de Toña la Negra ni de Otto Sirgo, bueno, hoy parece que no es su día para entretenimientos, y se resignó a hacer los preparativos para el viaje de regreso;

Luis había quedado en recogerlos el domingo a las 11:00 de la mañana y es mejor dejar todo listo esta noche para mañana poder dormir hasta tarde; doña Flora llenó los dos maletines y una de las jabas; la otra estaba destinada para la ropa que habían usado hoy en la playa y que ella había colgado en la tendedera del patio para que se oreara un poco; terminada su faena se dispuso a dormir con la tranquilidad de haber comprobado que don Pascual parecía cansado del día de playa y que no se le veían intenciones de molestarla esa noche; antes de acostarse, doña Flora le quitó la ropa a Manengo, que empezaba a estregarse los ojos con sueño, y lo acostó en una camita individual que estaba al lado del cuarto de ellos; ella se quedó profundamente dormida y no sintió cuando don Pascual se quitó los zapatos, las medias, los tirantes, el pantalón, la camisa, la camiseta y se quedó en calzoncillos para recibir mejor el aire del pequeño ventilador que tenían en el cuarto; después de dejar regada la ropa en el suelo, se metió en el mosquitero y se quedó dormido sobre el lado izquierdo sin mirar a su mujer; a las 9:00 de la mañana estaba en pie doña Flora colando café para hacer café con leche con el litro de leche que le dejó esta mañana y por encargo el camarero del Ranchón y la flauta de pan con mantequilla que también le había traído; doña Flora había pensado darle un medio de propina al camarero pero después pensó que su marido se lo iba a reclamar si se daba cuenta y ella no estaba para que le atormentaran la cabeza, además, para eso le pagan a él, para servir allí y seguro que también para hacer mandados; Manengo se le apareció en la cocina como si hubiera adivinado que ya el café con leche estaba listo, y el pan con mantequilla, cortado y servido en un plato en la mesa de comer; se sentó a la mesa desnudo como estaba y comenzó a comerse el pan mojado en la leche, a grandes trozos hinchados

por el líquido caliente; don Pascual salió del baño y sin
dar los buenos días, comenzó a comer; cuando le tocó
el turno a doña Flora ya quedaba poco pan pero al
menos pudo llenarse casi hasta arriba su tazón de leche; trató de fregar con rapidez para que don Pascual
no empezara a gritar si Luis llegaba y ella aún no estaba lista; recogió los dos mosquiteros, el de la cama
grande y el de la camita donde durmió Manengo; hizo
las camas, barrió la arena que habían dejado regada en
el piso y se sentó en el sofá de la sala a esperar a Luis;
fue entonces cuando vio en el catre el bulto aún entre
envoltorios húmedos, tal como lo había dejado ella la
noche anterior; se resignó a quitarle aquella ropa mo-
jada, pasarle por el cuerpo una toallita húmeda y cambiarle el pañal; recordó entonces que ya no quedaba
leche y si la hubiera, no tenía ella tiempo de estar ca-
lentándola y después, volver a fregar, ya comería Narcisa cuando llegaran a Baracoa; esa semana transcurrió sin grandes sucesos, a no ser por el retraso de "La
Maltratada" que la anuncian y la anuncian y no la aca-
ban de poner por no sé qué problema que tiene la estación; a las 3:00 de la tarde, por costumbre, doña Flora
oía el programa de sustitución pero sin entusiasmo de
ninguna clase porque la verdad, no eran como para
emocionar a nadie; sí había ocurrido esa semana algo
que de cierta manera, la alegró: a las 3:00 de la tarde,
cuando ella estaba pegada al radio, Manengo se metía
en el cuarto de Narcisa y se quedaba allí durante toda
la media hora del programa; doña Flora se sintió más
que nada aliviada, porque en realidad, a veces se había dicho que tal vez ella debía de atender a su hija un
poco más; pero por otra parte, ella llevaba una vida de
mamá normal: cocinaba, atendía la casa, atendía a
Manengo y a Pascual y accedía a sacrificarse cuando a
Pascual se le antojaba subírsele encima, pero no vendría mal que alguien, aunque sea Manengo, le pres-

tara un poco de atención a Narcisa; Manengo entró en el cuarto sigilosamente y cerró la puerta con llave; se paró frente a la cuna de Narcisa como lo había estado haciendo desde hace días; se bajó el shorcito y se quedó desnudo; con la mano derecha comenzó a estirarse el pipí y a repetir como en una letanía, quita, quita, quita; habían pasado los quince minutos de rigor que Manengo había aprendido a calcular venciendo el misterio del paso del tiempo; en el momento señalado, liberó el pipí y se dirigió a Narcisa que ya estaba preparada, abierta y sin pañal; Manengo apretó en puño los labios del pequeño sexo y repitió otra letanía: mí, mí, mí: a la hora señalada, se subió el shorcito, le colocó de nuevo el pañal a Narcisa, salió del cuarto y se sentó en el piso de la sala a jugar con unos muñecos de papel; Narcisa se quedó en la casi sombra del cuarto cerrado, con los ojos redondos color siena, mirando al techo; le había impresionado hondamente la presencia de su hermano, esta nueva experiencia en su vida; se juró a sí misma cumplir un pacto eterno con Manengo, comprenderlo mejor que nadie, compenetrarse con él; nadie, hasta la fecha, lo había comprendido, nadie se había dado cuenta de su necesidad de arrancarse ese sexo que él no quería, ese sexo en que su espíritu delicado y meditativo no podía armonizar; ella no estaba demasiado segura de que debería de tenerle fe al ritual de su hermano, pero tal vez se lograba eso, porque su hermano era un ser poderoso y de ser así, ella, posesionada del sexo de su hermano, saldría de la limitación y de la oscuridad hacia la luz y el reconocimiento; si todo salía mal y el cambio no se efectuaba, al menos su hermano recordaría que ella trató de ser su aliada y desde ahora en adelante no la ignoraría tan totalmente como lo había hecho siempre; en sus horas de profunda meditación, Narcisa recordaba el esfuerzo que hacía su madre para lograr que elogiaran a su hija; le ponía un lazo amarillo en el pelo grueso y escaso y salía a la calle empujando el coche y caminando al paso que Manengo escogiera llevar; por suerte, por lo general le daba por caminar lentamente, con los bracitos cruzados en la espalda, mirando al suelo como tratando de descifrar algún misterio escondido en la acera; recorrían así el pueblo y cuando doña Flora encontraba alguna amiga y trataba de arrancarle algún elogio para Narcisa, siempre era lo mismo, el elogio iba para Manengo, a veces, doña Flora se atrevía a insinuar, mira a la niña, ¿verdad que está linda? pero jamás recibía respuesta; cuando doña Flora llegaba a la casa, se desahogaba con Pascual en la queja repetida: hoy fue lo mismo, Pascual, lo mismo de siempre, nadie le dijo ni media palabra; bueno, Flora, y eso a ti ¿qué te importa, si le dicen o no? alabado, Pascual cómo no me va a importar ni no me va a importar, ¿tú sabes lo que es tener una hija y que nadie te la elogie? ¿tú sabes el disgusto que paso cada vez que Teresita me dice que le tuvo que comprar un azabache a su hija porque se la alababan tanto que le iban a echar mal de ojo? y eso es verdad, porque ahí está el azabache de la niña prendido siempre en la batica que trae; ¿tú sabes lo que es para mí, Pascual, no poderle decir a nadie que he tenido que comprar un azabache? Narcisa sintió una honda vergüenza recordando todo esto, pero se dijo que tal vez toda esa experiencia miserable estaba llegando a su fin, por lo pronto, su hermano la necesitaba; estaba allí, día a día para tratar de arrancarle el sexo, para traerle además la esperanza de que tal vez, por esta magia, ella llegaría a convertirse en el hombre de la casa; y en nombre de esa solidaridad recién hallada, decidió agarrarse de los barrotes y ponerse de pie sobre el colchón que le sirvió de piso; doña Flora esperó a su marido sentada en el balance de la sala, ya bañada y con la comida lista para servir cuando Pascual saliera del baño; esa noche durante la cena le hablaría del cumpleaños y así lo hizo; le sirvió el plato a don Pascual, consistente en arroz con pollo hecho de los menudos del pollo que habían quedado del día anterior: el cuello, el hígado, la molleja, el corazón y un muslo que ya Manengo había empezado a comerse; don Pascual saboreó el arroz, pero lamentó la falta de carne, aunque nada dijo porque se dio cuenta de que su mujer no estaba muy dispuesta a soportarle las quejas; se limitó a comerse el arroz, la ensalada de lechuga y tomate y unos tostones que le parecieron muy sabrosos; doña Flora esperó hasta el postre cuando su marido disfrutaba una fuente de mangos de bizcochuelos que le había traído esta tarde su amiga Pancha, compartiendo el saco de mangos que le regaló su cuñado de las varias matas que crecían en su finca; don Pascual contempló la fuente estudiando el tamaño de cada mango hasta escoger el más grande; cuando se había dado a la tarea de chupar una semilla con tanto gusto, doña Flora aprovechó: oye, Pascual, en unos días va a ser el cumpleaños de Narcisa, ¿no crees que debemos celebrárselo? ¿qué tú crees que debemos hacer? don Pascual se separó el mango de la boca y sin darle importancia al asunto, nada Flora, ¿qué vamos a hacer? ¿es que tú crees que Narcisa con un año de edad va a entender nada de celebraciones? doña Flora abrió la boca para recordarle que a Manengo se lo habían celebrado desde el primero que cumplió, pero pensó que su marido no estaba en ánimos de desatender la tarea de comer mangos para ocuparse del cumpleaños de Narcisa; doña Flora, después de la cena, permitió que su marido oyera las noticias, sin protestar; ya debajo del mosquitero, doña Flora sacó de nuevo la conversación: mira, Pascual, viejo, yo no creo que eso es justo, de celebrarle el cumpleaños a Manengo y a la niña no; además, si no lo hacemos, ¿qué van a decir los vecinos, que no nos importa nuestra hija?; don Pascual se viró sobre el lado izquierdo dispuesto a desentenderse por completo de su mujer; doña Flora insistió una vez más; mira, Pascual, fíjate tú si ya eso es el colmo, que ya la niña va a cumplir un año y todavía ésta es la fecha que no la hemos ni bautizado, imagínate qué vergüenza ahora que yo he empezado a ir a misa todos los domingos porque tú te habrás dado cuenta de que todas las vecinas van a misa y eso sería un descaro si yo no voy también y en eso no me puedes decir que hemos tenido gastos que hacer porque hasta la mantilla es la que me dejó mi mamá, y la ropa, pues nada, me las arreglo como puedo, y si no puedo estrenar como las demás, pues me quedo sin el estreno, no será la primera vez, pero ¿tú no crees que ya es hora de que bauticemos a Narcisa? porque para decirte la verdad ya yo no sé qué decirles a Pancha, a Martinita, a Teresita y a las demás, esto ya es bochornoso, todo el mundo que vale algo tiene a los hijos bautizados; tú eres el único que no se ocupa de eso; don Pascual tuvo que hacer un esfuerzo para soportar aquella voz que no lo dejaba entrar en el sueño; más que nada para que se acabara de callar, consintió, está bien, bautízala, pero con eso del cumpleaños no cuentes, ya bastantes gastos habrá con lo que hay que darle al cura, bueno, hasta mañana, ya, Flora, hasta mañana; Flora se quedó conforme con esta nueva perspectiva de tener a sus dos hijos bautizados, como en las familias decentes; en los días sucesivos se dedicó a hablar con el Padre Alvarez para fijar la fecha del bautizo que tendría lugar el domingo próximo a las 9:00 de la mañana; Martinita y Armando Brito serían los padrinos y le iban a regalar el cargador a la niña, así es que ese gasto no lo tendría que hacer; doña Flora fue al cuarto de Narcisa para darle la noticia de su bautizo y se sorprendió al verla de pie, agarrada del barandal de la cuna, rígida, como un soldado en atención; también se sorprendió doña Flora al ver que al parecer ya Narcisa estaba en guardia, atenta, como esperando una noticia; mira, Narcisa, en unos días te llevamos a la iglesia donde te van a bautizar; doña Flora no estaba muy segura, pero le pareció que Narcisa movía la cabeza en señal de aprobación, esto era mucho más de lo que ella esperaba, había ido a hablarle a Narcisa más que nada por su necesidad de hablar de la noticia, pero nunca soñando ni la más mínima reacción del bulto; esa misma tarde Martinita se apareció con el cargador de olán clarín blanco con unas cintitas de satín rosado colgando de los hombros; doña Flora echó la risita seguida del llanto, emocionada ante la bata que en ese momento, en realidad, no relacionó con Narcisa; Manengo, hasta esa fecha, se había desinteresado de los trámites del bautizo, pero cuando vio el cargador, hubiera querido que se lo pusieran a él, sentirse los lazos de cintas protegiéndole los hombros con ese color rosa que tanto le gustaba; Manengo sintió una inconformidad con la cual no podía reconciliarse porque sabía que no se trataba de exigir un derecho con un puñetazo y que no estaba en sus manos apoderarse del cargador; para después del bautizo, doña Flora tenía pensado brindar unos bocaditos hechos con pan de molde, picando las dos tajadas de cada bocadito en cuatro para formar unos triángulos pequeños porque no se trataba de hartar a la gente, sino de tener una atención y si su hermano Beto le traía las guanábanas que le prometió, ya estaba todo, ella haría una champola y con eso y los bocaditos, qué más; para el relleno había pensado en un par de laticas de jamón del diablo ligadas con queso crema y media barrita de mantequilla; cuando Martinita se fue después de haberse tomado una tacita de café recién colado, puso el cargador sobre el sofá y lo contempló largamente;

tenía que admitir que Martinita y Armando le habían hecho un buen regalo; se sentó en un balance frente al sofá para sorber lentamente otra tacita de café mientras contemplaba la fina tela de olán, los repulgos, los pliequecitos tan minúsculos, el rosado brillante del satín; perdió la noción de cuánto tiempo pasó allí; llegó el momento en que decidió levantarse; desvió la vista del sofá y se encontró con la mirada fija y extraña de Manengo; sin saber por qué, en ese preciso instante relacionó el cargador con Narcisa, debería de probárselo, parecía que le quedaría bien, pero ¿cómo correr el riesgo? ¿y si el día del bautizo descubría que no le servía? haciendo un esfuerzo se decidió a subir al cuarto de Narcisa, el único que estaba en altos; le molestó el movimiento de su cuerpo, ascendente en la escalera; ya arriba, se dirigió a la derecha; recorrió unos pasos en el pequeño pasillo; abrió la puerta del cuarto que daba a su izquierda, entró en esa penumbra que crecía aun de mañana por la falta de ventanas; allí se dio de frente con Narcisa, parada sobre la cuna, agarrada del barandal, en guardia y dibujando una sonrisa de aprobación que sobrecogió a su madre; doña Flora se quedó unos instantes contemplando los ojos redondos, el pelo ralo y grueso, esa formación extraña de la boca y la nariz de Narcisa, que se abultaban hacia afuera para de pronto achatarse en el frente, y por primera vez pudo doña Flora asociar este conjunto protuberante con una imagen que le vino a la mente: la de los dragones chinos que ella había visto en fotografías de revistas y que invariablemente rechazaba pasando rápido las páginas en un intento instantáneo de borrar la imagen; doña Flora se acercó a su hija que mostraba su cuerpo desnudo a excepción del pañal; le pasó una toallita húmeda para quitarle el sucio que pudiera transmitirle al cargador y se resignó a cambiarle el pañal para evitar que el olán se impregnara de olor a orines; en el trámite del cambio, trató de acostar a Narcisa, pero notó una cierta resistencia contra la cual, en ese momento, doña Flora no estaba dispuesta a luchar, y la cambió de pie; al tirarle la bata por encima, doña Flora notó la cooperación de su hija quien se apresuró a colocar los brazos dentro de las mangas y se quedó inmóvil para que su madre pudiera abotonar la bata con los botoncitos de nácar que hacían una línea perpendicular en la espalda; ya vestida, Narcisa se agarró fuertemente al barandal y se quedó mirando fijamente a su madre buscando su aprobación; doña Flora sintió que le faltaba un poco el aire al comprobar que aquella ropa delicada no cambiaba los rasgos de dragón; se sintió confusa ante esa visión tan inarmónica y se dijo que ya era mejor que fuera sabiendo que el día del bautizo nadie iba a elogiar a aquello, a menos que, tal vez, el Padre Alvarez...; se acercó a su hija y con una resignación casi triste, le empezó a quitar la bata; mientras desabotonaba los pedacitos de nácar, dijo en voz alta, alabado, con lo lindo que se veía Manengo el día de su bautizo; con la bata ya en las manos, doña Flora se apresuró a salir del cuarto cerrando de nuevo la puerta; mientras bajaba las escaleras, le pareció oír el ronquido grueso que había oído otras veces, pero siguió descendiendo sin retroceder; colgó la bata en su armario y fue a la cocina a prepararle un puré de chícharos a Manengo, a concentrarse profundamente en la cocina para no pensar en nada; esa noche, en la mesa, doña Flora se abstuvo de hacer comentarios de sus experiencias del día y se tomaron la sopa de fideos y se comieron la carne ripiada entre el acostumbrado antagonismo y el rechazo habitual; Manengo comió en silencio y la cena transcurrió como si no hubiera estado él sentado a la mesa; el sábado por la tarde se lo pasó doña Flora dando vueltas por la casa, entre impaciente y nerviosa; esa noche, después de fregar, se ocupó de verificar la ropa que cada uno iba a llevar para cerciorarse de que todo estaba en orden; el domingo a las 6:00 de la mañana ya estaba en pie, dando tantas vueltas inútiles por la casa que de pronto se dio cuenta de que tenía que apurarse en preparar el desayuno, si no, llegarían tarde; los tres desayunaron el café con leche y el pan con mantequilla antes de vestirse; cuando ya los tres estaban listos, doña Flora subió con el cargador para vestir a Narcisa; la encontró de pie, rígida, agarrada del barandal con una expresión de ansiedad en la cara; doña Flora la vistió con rapidez, sin detenerse a contemplar cómo le quedaba la bata, sin asentarle los plieguecitos en el cuerpo ni repasar los nudos de los lacitos; se dirigió al gavetero y tomó la cajita que estaba encima, la abrió cerca de la cuna y extrajo de ella un par de zapaticos blancos y unas medias blancas también; Narcisa se adelantó al gesto de su madre y sin que se lo pidieran, levantó el piecito derecho para que se lo cubrieran, después, lo puso firme en el colchón y levantó el otro; doña Flora la sacó de la cuna y la puso sobre el piso; Narcisa se quedó tiesa, con los bracitos sobre el vientre, esperando que decidieran qué iban a hacer con ella; doña Flora le tomó una mano y empezó a caminar hacia la puerta; Narcisa se dejó llevar, dio pasos por el pasillo y bajó las escaleras tratando de armonizar en lo posible con el movimiento de su madre para no hacerse sentir como un obstáculo; al llegar a la planta baja, Narcisa sintió que su madre le soltaba la mano, la oyó hablar, Pascual, pero Pascual, ¿te vas a poner ahora con programitas de radio? oye, es verdad que contigo siempre es igual, vamos, acábate de levantar ya del asiento, ¿o es que crees que te voy a llevar yo cargado a la iglesia? don Pascual no se atrevió a responderle a su mujer y se colocó lo más pronto que pudo en la puerta de la calle, listo para salir; Manengo lo siguió porque tampoco se atrevió a contradecir a su madre y se colocó detrás de don Pascual, listo también para salir; doña Flora buscó el cochecito porque aunque no tenía deseos de estarlo empujando, pensó que Narcisa retardaría el paso y llegarían tarde a la iglesia; en cuanto don Pascual y Manengo divisaron a doña Flora empujando el coche, salieron a la calle e iniciaron la marcha; los cuatro formaban un conjunto inmaculado: don Pascual con el traje de hilo blanco que llevaba a todos los sacramentos; doña Flora también con su vestido de hilo blanco; Manengo con una camisa blanca de mangas largas y pantalón negro; y el bulto del coche, con su bata de olán; en la iglesia, el público estaba nutrido, pero muchos estaban allí para asistir a la misa que seguiría al bautizo; Narcisa sabía exactamente en qué consistía la ceremonia y se dijo que tendría que ejercer un control absoluto sobre sí misma para soportar ciertas cosas desagradables que le esperaban como eso de que la empaparan y le hicieran tragar sal; Pancha y Teresita están sentadas en la fila de la derecha, en uno de los bancos en los que se deposita un olor a guardado; oye, Teresita, ¿te acuerdas cuando vinimos a la celebración del doble sacramento? Teresita la mira sin entender, ¿qué doble sacramento, Pancha? bueno, el de la boda de estos dos, ya Flora estaba tan adelantada que comentamos que casi se podía bautizar a la criatura si la boda se prolongaba demasiado, porque lo que es ese Manengo que ves ahí estaba listo para salir; yo me río porque desde ese día algunos vecinos les dicen el matrimonio del doble sacramento, yo te digo, Teresita, que con todo lo ñañá que Flora se hace, parece que se desesperó después de siete años de noviazgo y se dejó comer, Juanita la de enfrente y yo gozamos tratando de adivinar dónde fue que Pascual se comió a Flora y ¿tú no sabes lo más bonito? después que se la comió se resistió a casarse con ella, y dos hermanos de Flora lo llamaron a contar porque ese señor tan serio que tú ves ahí quería echar un pie y abandonarlos a los dos; Teresita hizo un gesto indicando que en la iglesia no se debe de hablar de esas cosas, pero había tardado en decírselo, tardó lo suficiente para oírlo todo; el Padre Alvarez entra al altar por el boquete de la puerta de la derecha; trae un aire de dignidad, de casi supremacía; Narcisa, como se había propuesto, sufrió toda la ceremonia sin chistar; en los días que siguieron al bautizo, Manengo se abstuvo de ir a visitar el cuarto de su hermana; se concentró más que nunca en examinar distintos objetos que caían en sus manos: un lápiz, el aro descascarañado de un jarro de peltre, una hebilla rota, un pedazo de papel de traza; Narcisa se mantenía en pie, en guardia, esperando que se abriera la puerta, esperando que le dieran acceso a la participación; pero desde el bautizo, mamá prolongaba sus ausencias; se aparecía cuando se sentía lo suficientemente resignada a cambiarle el pañal a su hija; Narcisa había empezado a reconocer cierta dureza en la voz de su madre cuando al entrar, sin intercambiar ninguna otra palabra con ella, le ordenaba: ¡acuéstese! Narcisa obedecía de inmediato, rebajando su altura al flexionar las rodillas, dejando deslizar sus manos pequeñas que descendían por los barrotes; Narcisa dejó de contar los días, dejó de contar el tiempo; se iba alejando, quedando atrás la fecha del bautizo; poco a poco doña Flora fue haciendo menos frecuente su queja: óyeme, Pascual, eso sí que no tiene nombre, ni un solo elogio, ni siquiera el Padre Alvarez, ni siquiera nuestras amistades, ¿tú sabes lo que es, Pascual, que no hayan elogiado ni siquiera el cargador? yo no sabía a dónde iba a meterme, alabado, qué vergüenza he pasado en todo esto, pero bueno, habrá que resignarse, qué vamos a hacer, habrá que aguantar esto hasta que Dios quiera, después de todo es nuestra hija, después de todo, me la hiciste tú y la parí yo y no creo que debemos de tenerla siempre encerrada, va a llegar el momento en que la gente va a hablar, fíjate tú, Pascual, que cuando nos vienen a visitar las amistades siempre preguntan, y Manengo, ¿cómo está? a nadie se le ocurre preguntar por Narcisa, como si no existiera, pero cuando les dé por criticarnos por eso, nos van a dar fama de padres malos, indiferentes, perversos, o vaya usted a ver; tenemos que decidirnos y bajarla a la sala de vez en cuando y sobre todo a las horas de comida; a don Pascual no le hacía gracia la idea de tener eso delante de él, pero comprendió que su mujer tenía razón; a él le interesaba sobre todo la opinión de Armando, que además de vieja amistad, era jefe de él en las oficinas de Salubridad; doña Flora decidió dejar pasar ese día antes de comenzar la lucha contra la presencia que tenía que aprender a aceptar; con cierta preocupación estudió la posición que debía ocupar Narcisa en la mesa; era ya sistema acostumbrado que don Pascual y Manengo se sentaran frente a frente y doña Flora entre ellos dos; el sitio apropiado para Narcisa sería frente a ella, también entre los dos; así evitaría que don Pascual tuviera que mirarla irremediablemente; al día siguiente, a la hora del desayuno, doña Flora se dijo que era demasiado temprano para comenzar la lucha que ella misma había propuesto; lo dejaría tal vez para el almuerzo; esperó pacientemente que su marido se acabara de ir porque ése era uno de esos días en que no podía soportar su presencia; lo acompañó hasta la puerta para sentir el alivio de verlo alejarse; regresó a la sala, se sentó en el balance presionada por la necesidad de dejar sus pensamientos correr sin entorpecimientos; Manengo, por suerte, estaba sentado en el suelo, absorto en una gusarrapa que nadaba a brincos asustados en el agua atrapada en un frasquito de cristal; Manengo le daba vueltas al frasquito para observar lentamente cada movimiento del animalito; doña Flora se sintió tranquila, revisó su decisión, se dijo que definitivamente, no había otro camino; después de mucho rato fue alcanzando conformidad, se sintió un poco liberada de un gran peso; se paró a preparar un puré de chícharos para Manengo mientras lo oía gritar, chícharos NO, chícharos NO, pero para alivio de doña Flora, pronto volvió a analizar los movimientos de la gusarrapa; a las doce del día doña Flora sirvió un plato hondo de chícharos para Manengo y otro para ella; Manengo se sentó a la mesa en su sitio de costumbre, se cruzó de brazos y gritó, ¡chícharos NO! doña Flora lo miró y dando un golpetazo en la mesa con un platanito manzano le dio la orden: ¡coma! Manengo descruzó los brazos, cogió la cuchara que estaba a su derecha y empezó a comer en silencio; mira, si quieres puedes tomarte el puré con platanito manzano; y sin esperar una respuesta de Manengo, peló el guineo, lo picó en pedacitos y echó los pedacitos en el plato de Manengo quien se apresuró a comérselo todo sin poner mala cara, es más, se lo comió como si lo estuviera disfrutando hondamente; después de fregar, se asomó de nuevo a la sala y vio a Manengo dormido boca arriba, abierto como una rana, apretando en su mano derecha el pomo con la gusarrapa; doña Flora trató de dormir una siesta, pero le fue imposible, la intranquilidad no la dejó relajarse lo suficiente para alcanzar el sueño; a las 3:00 de la tarde puso el radio sin tener en realidad muchas esperanzas de oír nada que pudiera interesarle; unos instantes después, para sorpresa suya, una voz dramática acompañada de música de órgano anunció: y ahora el primer capítulo de "La Maltratada sin Perdón"; doña Flora comenzó a interesarse de inmediato cuando presentaron una casa rica con varios criados, mayordomo, jardinero, chofer, el señor de la casa, don

Octavio Guzmán, su esposa, la señora Carmela del Real, y Tatica, la criada, confidente de la señora Carmela con la que intercambia una secreta preocupación insospechada por don Octavio; Tatica, ¿te imaginas dónde estará? ¿te imaginas qué color de pelo tendrá? ¿cómo será su risa? a veces me siento enloquecer en esta incertidumbre que nunca me abandona; Tatica le sugiere silencio con una señal que reitera con la advertencia: cuidado, señora Carmela, que siento pasos, cuidado, por Dios, ¡que no la vayan a oír! los anuncios de productos comerciales le arrebataron a doña Flora la escena que ya se le había hecho visual y la dejaron fuera del drama en el que ella se sentía presente, como un testigo más; durante los anuncios le vino a la mente la imagen de la señora Carmela, y le gritó como si la tuviera delante, ven haciéndote la muy señora, que cuando te escondes tanto, algo sucio habrás hecho tú, pero no creas que me vas a engañar porque voy a velarte en cada paso que des; con el regreso de la voz narradora, doña Flora se separó de la señora Carmela y prestó atención hasta quedarse absorta; en esta segunda parte del programa se trasladó a un asilo de huérfanos situado a varios kilómetros de la casa señorial de la familia de los Guzman del Real, allí, jugaba una niña solitaria y triste, de siete años de edad que desconocía quiénes eran sus padres; una monjita de la Caridad del Cobre salió al patio y llamó: Julia, ven, hija, entra ya, que es hora del retiro; Julia, obediente y amable, contestó con el refinamiento que la caracterizaba: ya voy, Sor María, ya voy, como usted mande; la música y después los anuncios arrancaron de nuevo a doña Flora de una historia que iba siendo un poco de ella; se quedó por unos instantes demasiado envuelta en lo que acababa de oír como para poder situarse de nuevo en la realidad que la rodeaba; se quedó meditando profundamente sobre el orfelinato y sobre esa niña que aún no sabía si debía imaginársela rubia, de ojos azules o de pelo negro y ojos verdes, pero si esa niña tan buena era la hija de la señora Carmela, entonces había que perdonar a esa mujer y hacer todo lo posible porque la niña se fuera a vivir a la casa señorial de los Guzmán del Real; alabado sea, quién no va a hacer todo lo posible por ayudar a una criatura así, yo, ni hablar, qué no haría yo por ayudar a esa criatura; y al terminar esta frase, tuvo que llevarse la punta del delantal a los ojos para secar en él un llanto incontenido; se levantó del balance rato después sintiéndose en el pecho el regocijo sano que nos deja el acto de realizar una obra buena; comenzó a preparar la cena con entusiasmo: fricasé de pollo, arroz blanco, plátanos maduros fritos; y hasta añadió una ensalada de aguacates que había estado reservada para la cena del día siguiente; después de encaminada la cena, procedió a bañar a Manengo y a bañarse ella y sin pensarlo más, subió a recoger a Narcisa para bañarla también; al abrir la puerta se la encontró de pie, esperando, le habló en una voz que sonó dura: vamos, Narcisa, que te voy a bañar; la niña notó con cierta desesperación que su madre le decía esto pero no hacía ademán de sacarla de la cuna; esperó un tiempo prudencial, midió con angustia la altura de los barrotes; le pidió mentalmente a la madre: ayúdame, que no puedo salir, pero su madre no hizo el más leve movimiento; Narcisa supo entonces que no había más remedio, tenía que llegar hasta la súplica en el gesto de levantar los bracitos para indicarle a su madre que la cargara; doña Flora la levantó por las axilas sin reparar en los pequeños puños cerrados y sudorosos donde se concentraba todo su temor al abandono; doña Flora la puso de pie en el suelo y la ayudó a bajar las escaleras; la llevó por vez primera al baño que antes y después de su nacimiento habían compartido los demás habitantes de la casa;

doña Flora llenó la bañadera y escogió una pequeña esponja que iba a destinar exclusivamente para ella; Narcisa se dejó bañar en una obediencia total, casi sin moverse, a excepción de algún suspiro profundo acompañado de un salto del diafragma, que le salía como un acto de agradecimiento; al terminar el baño, doña Flora la vistió con un ropón corto, un pañal y unas pantuflas de piel de guante beige que Martinita le había regalado para el cumpleaños que no le celebraron; se dirigió al balance, seguida por Narcisa; la puso de pie delante de ella: mira, Narcisa, de ahora en adelante vas a comer y a bañarte como todos en esta casa; no sé si podrás acostumbrarte porque lo único que tú has probado son los biberones de leche que se te daban regularmente en los primeros días de nacida; después, con todas estas ocupaciones, a veces pasaron meses sin que yo pudiera atenderte, sin que yo pudiera estar pendiente de tus comidas ni de tus necesidades; ahora tendrás que acostumbrarte a comer y a atenderte tú misma en ciertas cosas necesarias para vivir, pero ya en eso empezaremos mañana; por lo pronto, cuando veas a papá no lo molestes porque él es un hombre que tiene muchas preocupaciones y no se puede estar atormentando; Narcisa oyó todo con los ojos redondos fijos en su madre, con el pie derecho descansando sobre el tobillo izquierdo, formando con la pierna un ancho ángulo; había reclinado la mano izquierda sobre la rodilla de su mamá y sin tener que asentir ni hablar, dio a entender que lo aceptaba todo; obedeciendo a su madre se fue a sentar en el sofá y se entretuvo mirando a su hermano contemplar la gusarrapa; don Pascual atravesó la sala sin mirar hacia el sofá, sin dirigirle la palabra a nadie; al llegar al baño se encontró todo preparado: el calzoncillo, la camiseta, la bata de baño, la toalla limpia, las chancletas de baño; procedió a vestirse en el cuarto para sentarse a la mesa; a su derecha, doña Flora sirviendo el primer plato que le pasó a su marido; Manengo se abstuvo de protestar porque la cara seria de su padre parecía indicar que no estaba para pasar por alto las exigencias que él otras veces había impuesto; el segundo plato fue para Manengo y el tercero, para ella; Narcisa esperó con sus manitas agarradas a los cubiertos, un tenedor en la izquierda, una cuchara grande en la otra; todos empezaron a comer, Narcisa revisó cada fuente, verificó que estaban vacías, menos una en la que quedaba un poquito de arroz y en la otra en la que quedaban dos pedacitos de plátanos maduros fritos; pensó que si esperaba a que los demás terminaran sus platos, volverían a servirse el resto escaso que podía ver reposando en los rincones de las fuentes; levantó un poco los cubiertos como para llamar la atención, los otros seguían comiendo, ajenos a su gesto; se decidió entonces a estirarse un poquito para alcanzar la comida: el esfuerzo no fue suficiente, le faltaba un gran tramo para llegar; decidió entonces pararse en la silla, inclinarse con los cubiertos cruzados como espadas, estirándose, estirándose lo más que pudo hasta alcanzar todos los granos de arroz que cupieron en la cuchara, los trasladó a su plato; procedió a procurarse los dos trocitos de plátanos fritos; se sintió igual que los demás, y les sonrió sin que nadie devolviera su sonrisa; dividió en varios pedazos más pequeños el plátano y colocó uno a uno de los pedacitos en la cuchara con algunos granos de arroz; Narcisa saboreó su primera cena con un profundo agradecimiento; se dijo que su madre era una excelente cocinera y que ningún momento de su vida ni de la vida de otros podría ser tan hermoso como ése en el que estaba consciente de ser parte integral de un núcleo familiar perfecto, mamá, el ama de casa tan dedicada, tan generosa; papá, el ser supremo con el que hay que contar para todo; Manengo, tan inteligente y tan genial, estudioso de gusarrapas, yaquis y otras cosas y ella la más pequeña y la más atendida por todos; al terminar la cena, la mesa se despejó de bocas, tenedores, platos, mantel; cada uno tomó su rumbo; don Pascual se fue a la antesala a leer el periódico y a fumarse un tabaco; doña Flora se dirigió al fregadero de la cocina a lavar los platos diciéndose que es muy sabroso comer y todo eso, pero esa embarradera de platos es la que la saca de quicio a ella, qué va, si es que con la cocina, nunca se acaba; Manengo volvió al estudio de la gusarrapa; Narcisa se fue a sentar al sofá donde mismo la habían puesto antes de la cena; se arrimó bien al extremo derecho del sofá, apoyó la mano derecha en el brazo del mueble, estiró las piernas sobre el asiento; se sintió allí una persona importante, tenía la impresión de que su madre le había dicho que la esperara allí sentada, que ella se apuraría en fregar los platos para atenderla lo antes posible, pero doña Flora terminó de fregar; recorrió la casa repetidamente, le preparó la cama a Manengo y lo ayudó a acostarse, pero ni siquiera se acercó al sofá; Narcisa continuó llevando una sonrisa de beatitud mientras se repetía que su mamá sí la quiso atender y que la quería atender más que a nadie pero lo que pasa es que se recostó un momento y se quedó dormida; procedió a bajarse del sofá, aprendió a gatear las escaleras, llegó a la puerta abierta de su cuarto; se ayudó de cajas que fue trepando hasta superar la altura de la cuna y se quedó dormida satisfecha de su comportamiento en la mesa, feliz por el acogimiento que había tenido en su familia; esa noche durmió sueltamente, liberada de las amarras que tantas veces había sentido apretándole los tobillos y las muñecas; comprobó que era bueno estar así, suelta, durmiendo en un aire suspendido, recorrió la noche cabalgando nuevas seguridades; presintió la llegada del día en la persistente oscuridad del cuarto, porque había aprendido a adivinar el amanecer y la salida del rocío; esperó el momento prudencial del llamado del desayuno, pero doña Flora no aparecía; estaba de pie, en la cuna, agarrada fuertemente del barandal, las manos empezaron a sudarle, se preocupó un poco por la comida, ya su madre la había iniciado en la costumbre de comer y le resultaría difícil pasar sin comida, probablemente su madre estaba ocupada y no tendría tiempo de venir a avisarle, abrió instintivamente el dedo gordo del pie derecho para formar una tenaza que cerró contra uno de los barrotes mientras se ayudaba a ascender con la presión de las manos; hizo lo mismo con el pie izquierdo; ascendió hasta poder sentarse en el barandal y una vez allí, montada a caballo, fue ayudándose para descender por la parte de afuera del barandal; pensó que el esfuerzo sería mayor de lo que fue, y casi de inmediato se vio en el suelo, caminando hacia la puerta que había dejado entreabierta el día anterior; se dio a la tarea de descender las escaleras y se dirigió con paso ligero aunque entrecortado por la falta de costumbre, hacia el comedor; ya estaban los demás, abstraídos en la tarea de devorar el desayuno; Narcisa trepó su silla y se amarró una servilleta en el cuello en un gesto que ella consideró de buen comportamiento; nadie la miró, nadie le devolvió la sonrisa que Narcisa lanzaba como primer saludo del día; doña Flora miró por encima de su taza empinada de café con leche, se paró, le trajo una taza llena a Narcisa y le puso al lado un pedazo de pan; Narcisa fue mojando el pan como hacían los demás, fue llevándose a la boca los trozos hinchados de la masa que le pareció exquisita; al terminarla, se tomó el resto de leche, empujando la taza contra la nariz y la boca, dejándola así, como esperando que del vacío cayera más leche; la voz fuerte de ¿ya terminaste? la hizo bajar la taza para encontrarse con la mirada dura de doña

Flora que estaba terminando de recoger los platos; ya su padre había desaparecido y Manengo se había ido a sentar en el pequeño balancito de él donde se mecía a golpes lentos, como si estuviera meditando sobre los planes del día; Narcisa se secó las manos en la servilleta y la deslizó del cuello despaciosamente poniéndola con cuidado sobre la mesa; se bajó de la silla y se fue a sentar al rincón del sofá que había ocupado la noche anterior; acariciaba con la mano derecha el brazo del asiento como esperando de él alguna especie de comunicación; desde su asiento veía a Manengo meciéndose en el pequeño balance; se quedó mirándolo hasta verlo tan quieto, pararse, dirigirse a ella, detenerse, mirarla fijamente, girar sobre sí mismo, alejarse; Narcisa comprendió que él había venido a buscarla; con las manos y los brazos se empujó hacia el borde del asiento, logró bajar deslizándose hasta el piso, lo siguió; atravesaron la sala, el comedor, oyeron de paso a su madre fregando en la cocina; se perdieron en silencio en uno de los cuartos que Narcisa reconoció como el de su hermano; Manengo le hizo señas para que se quedara de pie, en el centro del mismo cuarto, ella obedeció, tratando de no mirar mucho a su alrededor por temor a ser interpretada como una intrusa; Manengo se dirigió al gaveterito donde se guardaba parte de su ropa; se agachó para quedar al nivel de la primera gaveta que fue halando a tramos, según le permitiera su fuerza niña y la trabazón de la madera que rodaba con cierta dificultad; cuando la abertura fue suficiente, Manengo introdujo la mano, buscó a tientas y extrajo del boquete un pomo lleno de un líquido que Narcisa no pudo identificar; Manengo se recostó al borde de su cama, examinó el pomo detenidamente haciéndolo girar entre sus dedos; finalmente, procedió a destaparlo; miró por la boca del pomo para adentro como para ver saltar el líquido

mientras movía el frasco en su mano; se quedó quieto
de pronto mirando fijamente a su hermana; extendió el
brazo para que ella sujetara el pomo destapado; Narcisa apenas se movió, se mantenía absorta, como
tratando de adivinar a su hermano; Manengo presionó
su mano sobre la de Narcisa y la fue guiando, levantán-
dola hacia su boca; un líquido amargo y extraño invadió las papilas; pensó que no le era dado escapar de
este destino y tragó buche a buche sin dejar escapar
una protesta; Manengo observó las gotas de sudor en
la frente de su hermana con la misma intensidad con
que había observado la gusarrapa; vio vaciarse el contenido, vio a su hermana palidecer un poco, caminó a
su alrededor dándole vueltas en redondo varias veces,
observó que la rodilla derecha le temblaba a su hermana y que se fue agachando hasta sentarse en el suelo
ayudándose primero con las manitas que le sirvieron
de amparo antes de caer; Manengo permaneció en la
habitación unos segundos más hasta llegar a lo que
parecía la comprobación de la respuesta que ya había
anticipado; se fue alejando hasta la puerta y desapareció; doña Flora y Manengo almorzaron sin Narcisa,
sin al parecer, haber notado su ausencia; a la hora de la
cena la vieron acercarse con una marcada lentitud;
muy trabajosamente se trepó a la silla; doña Flora notó
en ella una palidez amarillenta, una demacración que
la hizo sentir un poco alarmada, pero se abstuvo de
preguntarle si se sentía mal, sí, después de servirles la
sopa a los demás, le sirvió un plato a Narcisa sin que
ésta tuviera que esperar, pedirlo o servirse ella misma;
Narcisa se tomó el plato de sopa lentamente y poco a
poco se sintió reconfortada; nada más le sirvieron,
pero ella tampoco deseaba nada más; cuando todos
terminaron, descendió de la silla y se dirigió a su cuarto, esa noche soñó la noche entera con filas de caras
monstruosas, desgarradoras, finas como papel, que

44

rodeaban la cuna y le pedían cuenta de sus actos; Narcisa sintió un mariposeo en el pecho, una infinita necesidad de justificarse, de que todos supieran que ella no tenía culpa de nada, que todo podría tener una explicación; aun en el sueño, se irguió en la cuna, se quedó parada, mirando aquellas caras que le pedían cuentas; Narcisa sintió un temor que la iba sobrecogiendo, no sabía cómo dominarlos, de pronto, en un acto repentino que la sorprendió a ella misma, estiró la mano derecha como tratando de comunicarse con ellos; los monstruos continuaron su escrutinio; Narcisa se oyó decir, hermosos, todos hermosos, caras hermosas; los monstruos se separaron de la cuna, se fueron alejando hasta desaparecer; cuando Narcisa llegó a su cuarto cumpleaños, se dio con que ya, espontáneamente, iban a celebrárselo; la transición había sido lenta y había requerido una ardua y complicada dedicación; había aprendido a hablar claramente en un tono potente de voz; escogió la forma de articular todas las palabras que había aprendido desde hacía tanto tiempo, desde el momento en que habitó la placenta de doña Flora o tal vez antes de eso, cuando aún era una masa informe en el universo; había observado a Manengo en la mesa, su forma de exigir el primer plato con un gesto; trató de imitarlo para no tener que esperar, para no tener que conformarse con la ración más pequeña, para evitar que la pasaran por alto a la hora del reparto; pero su exigencia no dio resultado; después tanteó la potencia de su voz, la comprobó, ese sonido le recordaba el trueno; pensó que tenía una ventaja sobre Manengo, imponerse con ese ruido suyo que a ella misma le impresionaba, pero nada dio resultado, el primer plato iba siempre a Manengo, después papá, después mamá, y ella, esperando; acababa de pasar su tercer cumpleaños entre la indiferencia de los otros; Narcisa se quedaba largas horas con los ojos abiertos, clavados en las noches ausentes de sueño, se imaginaba coros de sombras danzando alrededor de su cuna, esperando una respuesta; trató de ensayar palabras apropiadas, de articular sus sonidos usando las vibraciones más perfectas; pasó horas interminables de práctica persistente y tenaz; el sábado por la noche, a la hora de la cena, Narcisa llegó tarde a la mesa; estaba aprensiva, le sudaban las manos; se sentó, decidió que era mejor no aumentar su tensión pensando en lo que iba a hacer y de repente, estiró el brazo derecho, y abrió la mano y la cerró en puño varias veces mientras repetía: mamá linda, papá bueno, mamá linda, papá bueno; escondió el brazo que había vuelto a acercar a su cuerpo, observó a sus padres y vio que lentamente desaparecía en ellos la ajenidad que hasta ahora le habían mostrado; Narcisa dio un paso más allá: sonrió plácidamente congraciándose con ellos; extendió su sonrisa a Manengo quien hizo un gesto con la cabeza ladeándola hacia la izquierda, en lo que Narcisa reconoció una aprobación; esa noche, a la hora de retirarse, Narcisa sintió su mano envuelta en la mano grande de su mamá, quien subía las escaleras con ella envolviéndose en una conversación sobre la lucha de la cocina para terminar, ya al final de la escalera, con la necesidad de comprarle a Narcisa una camita y relocalizarla a algún rincón de la casa donde ella participara como los demás, del cuadro familiar; Narcisa se abstuvo de hacer comentarios por no tener que hacer el esfuerzo de adaptar a su vocabulario limitado un torrente de ideas que aún no le era dado expresar; en los días sucesivos, doña Flora se dio a la tarea de convencer a don Pascual sobre la compra de la cama; ella sabía que eso de meterse a comprar en una mueblería con pagos a plazos, era el cuento de nunca acabar, pero tal vez Chebo el carpintero haga una camita barata y apropiada; doña Flora comenzó lanzando frases al aire, alabado, ya hay que hacer algo con esa cuna, ya es chica para la niña, y ese cuarto tan separado del resto de la casa, qué va, si es que eso no puede seguir así, eso no puede ser; el silencio de don Pascual le dijo que si su marido no aprobaba la idea con entusiasmo, al menos, no se iba a oponer y al otro día por la mañana se dio a la tarea de localizar a Chebo aprovechando que Pancha se ofreció a quedarse un rato cuidando a los muchachos, como ella les decía a sus niños, caminó a lo largo de la calle Maceo; atravesó el parque triangular, siguió unas cuantas cuadras hasta la accesoria de Chebo; María Luisa la recibió en chancletas, despeinada, con un aire descuidado, en una batica de algodón que se le pegaba un poco al cuerpo, acostumbrada a guardar su suciedad; ¡hola! pase, pase, Flora, mire, siéntese, ¿qué la trae por aquí? ¿quiere una tacita de café? está acabadito de colar; doña Flora declinó la invitación pensando que el café no estaría hecho en condiciones muy sanitarias; no, gracias, María Luisa, acabo de tomar en casa, Chebo, ¿está aquí? María Luisa asintió con cierta complacencia al ver que gente casi importante como la señora Flora, venían a su casa, buscando a su marido; ¡Chebo! ¡Chebo! ven, que te buscan aquí; Chebo se apareció en la salita en camiseta, sudando, limpiándose el sudor con un pañuelo que en algún momento había sido blanco; extendió la mano hacia doña Flora quien se la estrechó con resignación, conteniendo un gesto de disgusto al ponerse en contacto con la pegajosidad del estrechón; ¿qué hubo, señora, qué la trae por aquí, en qué puede servirla, María Luisa, por qué no le traes una tacita de café a la señora Flora? está acabadito de colar, le va a gustar; doña Flora se disculpó otra vez, no, ya tomé, gracias, mire, Chebo, yo vine porque necesito una camita pequeña para la niña; algo sencillo, que no cueste mucho, si es posible, yo quisiera que usted me hiciera también el colchón, que me dicen que usted los sabe hacer, y un bastidor bien hecho, que dure mucho tiempo, que sea fuerte porque usted sabe como son los niños, a mí, más que nada, porque bueno, me gustan las cosas mandadas a hacer, que queden como uno las quiere, ¿cuánto me cobraría usted por esto? Chebo se sintió tan orgulloso de tener la oportunidad de prestar sus servicios a una persona casi importante, que puso el mejor precio que pudo calcular; mire, señora, por ser a usted, le cobraría por todo dieciocho pesos; doña Flora apretó un poco la boca como si hubiera esperado un precio más bajo aun, pero no se atrevió a protestar, bueno, está bien, Chebo, yo sé que los materiales cuestan, mire, le dejo un peso en fondo, si le parece bien, le haré pagos mensuales, un peso, medio peso, dos pesos, en fin, lo que pueda reunir; Chebo a-sintió con agradecimiento, con satisfacción y prometió tener el encargo listo en un par de semanas; cerrado el trato, regresó al patio a terminar de cepillar unas tablas para un gavetero que estaba haciendo; María Luisa acompañó a doña Flora hasta la puerta y doña Flora retomó su camino de regreso acompañándose de una sonrisa que le asomaba con el sentimiento de misión cumplida, de haber resuelto; llegó a la casa y en señal de agradecimiento hacia Pancha por haber cuidado a los muchachos, la informó de los detalles que a Pancha le interesaba oír: el tamaño, el precio de la cama, las formas de pago, el plazo para terminarla, los materiales que se iban a usar; Narcisa esperó a su madre con una quietud silenciosa y adulta, con los ojos redondos abiertos, como dispuestos a sorprenderse al oír la noticia, pero doña Flora no se dirigió a ella; después de compartir la noticia con Pancha, pasó cerca de Narcisa sin comentar nada, como si la cama nada tuviera que ver con ella; Narcisa sintió que le faltaba un poco el aire, pero pronto se dijo que no había motivo para sentirse mal, ¿qué más podía pedir? ya era parte del clan, era un pilar imprescindible en la armazón familiar; la llegada de la camita en la carreta de Mingo fue un evento para doña Flora: mire Chebo, dígale a Mingo que la cama va para este cuarto chiquito; los dos hombres entraron al poco rato cada uno a un extremo del colchón, caminando en ritmo, tratando de no esquivar el paso; entraron al pequeño cuarto en el que doña Flora tenía una vieja máquina de coser y un cesto de costura; recostaron el colchón a la pared y volvieron a salir para regresar con piezas del mueble que armaron para poblar un pedazo del cuarto con rectángulo de madera, patas que salían de la madera de la cabecera, de la madera de los pies, los muelles y alambres del bastidor, las telas rellenas del colchón; los hombres se marcharon antes de que a doña Flora se le ocurriera brindarles algo: café, la mitad de una Materva para cada uno, un vaso del agua que salía del galón de la neverita refrescándose un poco en el trayecto hasta aparecer por la pluma, ya casi fría; doña Flora vistió la cama, se emocionó casi a punto de llorar por esta nueva adquisición; pasó el día sin relacionar a Narcisa con la cama hasta que al llegar la noche, vio la figura pequeña de su hija deslizarse silla abajo y caminar dando tumbos causados por la prisa, hasta el cuarto de costura, asomarse en el boquete de la puerta, extender los brazos hacia adelante abriendo y cerrando los puños; llegó a la cama, acarició con la mano derecha el colchón con una alegría explosiva; doña Flora le trajo un ropón corto, la ayudó a cambiarse, la ayudó a subir, la vio feliz taparse hasta el cuello con la sábana, cerrar los ojos y disponerse a dormir; Narcisa continuó perfeccionando sus alabanzas que había aprendido a extender hasta Manengo: Maengo, teigente, Maengo, teigente; Manengo la miraba satisfecho y le daba toda la razón; en cada alabanza crecía la aceptación de

Narcisa en el seno familiar y a la aproximación de su cuarto cumpleaños, estaba envuelta doña Flora en la indecisión de usar la receta de cáscara de naranja para el cake o simplemente usar vainilla y un merengue rosado y blanco; Narcisa agradeció este entusiasmo de mamá, especialmente porque sabía que mamá no se sentía bien; desde hacía meses se le venía hinchando el vientre, le daba asco todo, vomitaba y peleaba a gritos con papá: ya estarás contento, Pascual, con haberme hecho esta barriga; aquella noche, después del Miércoles de Ceniza que bien que te lo advertí, déjate de eso que viene la Cuaresma y no se puede hacer nada hasta que no pasen los cuarenta días, pero qué va, contigo no hay forma, cuando dices a encaramarte y a encaramarte, no hay quien te haga entrar en razones y yo me lo sospechaba y bien que te lo dije, vamos a ver si por esta sinvergüencería me quedo yo preñada, que es lo único que nos faltaba, pero tú no dejas descansar a uno ni cuando lo mandan las leyes de la Iglesia, ¿eso es lo que querías? pues ya lo tienes aquí, otro crío en camino y tu sueldo ahí, igual que siempre; Narcisa oía la voz de papá expresarse con fastidio, bueno, ¿y qué quieres que haga? es que teniendo yo mujer aquí en la casa pretendes que me vaya a buscar putas todas las noches, a cualquier hora de la noche cuando me entre la picazón? no, mi hija, si a ti te ha dado ahora por eso de cerrarte en Cuaresma, no cuentes conmigo porque ahí no voy; yo me aguantaré desde el Jueves Santo hasta el Sábado de Gloria a las diez en punto de la mañana pero ya con eso basta y sobra y en eso de salir tú preñada nada tengo yo que ver, ahí la que tiene que cuidarse eres tú, conmigo no cuentes para nada; a Narcisa le afectaban estas palabras que se alejaban del lenguaje perfecto en el que sus padres se comunicaban en las creaciones de su mente niña, inventándolos hermosos, amables, amorosos, inteligentes; dolía que se le escaparan, que impusieran una realidad de la que Narcisa se había prometido huir, cerrarle la entrada en su mundo; mamá trató de explicarle las causas de su hinchazón: ciertos frijoles que se crecieron hasta convertirse en frijoles gigantes y se van a quedar ahí unos meses, cuando un pájaro grande llamado La Cigüeña traiga a un bebé en el pico, colgando de un pañal y el bebé en el pico va a ser un hermanito más y cuando el bebé llore por primera vez, los frijoles gigantes se van a asustar y se van a poner chiquitos otra vez y la hinchazón de mamá va a desaparecer; Narcisa miró a mamá tratando de esconder una risa benevolente producida por esa historia enmarañada del acto simple de nacer después de haberse alimentado por el ombligo, después de flotar en líquidos placentarios, de haberse deslizado por el túnel y escoger como sitio de su primera aparición, la Ciénaga de Zapata; Narcisa sintió la necesidad de penetrar el misterio del feto y para lograrlo, usó el lenguaje simple e infantil de mamá: mira, mamá, déjame tocarte la barriga para ver qué están haciendo esos frijoles; doña Flora accedió de inmediato, complacida de que su historia hubiera sido creída tan cabalmente por su hija; sí, mi hija, venga, déme su mano, mire, aquí, toque aquí; Narcisa puso la palma de su mano derecha en el vientre de su madre; recogió las pulsaciones del feto, los latidos del corazón, el recorrido de la sangre, pudo oír con su mano, ver con sus dedos que allí, detrás de aquella hinchazón, se escondía una hembra; Narcisa dedicó a su madre una risa que trató de moldear en un tono de inocencia mientras retiraba la mano: gracias, mamá, gracias, mamá linda; se alejó de su madre, buscó a su hermano con diligencia, lo encontró en su cuarto, absorto en una foto de Enriquito, el vecino de enfrente; Narcisa se atrevió a interrumpirlo porque sabía que a su hermano le agradaría la noticia: Manengo, Manengo, es hem-

bra, lo que viene es hembra; Manengo se sonrió satisfecho y Narcisa recogió las palabras que su hermano
no tuvo que decir: seguiré siendo el rey en esta casa,
seguiré siendo el rey; Narcisa se alejó en silencio sabiendo que había dado otro paso de solidaridad hacia
su hermano; llegó el día del cuarto cumpleaños; los
invitados empezarían a llegar a las 4:00 de la tarde;
Narcisa le pidió a mamá que la dejara bañarse y vestirse a las 3:00 mientras que ella oía la novela; doña
Flora se negó a que se bañara porque ese día se le había
hecho tarde para preparar el almuerzo y no almorzaron hasta las 12:30, por lo tanto, el baño no le tocaba
hasta las 3:30 de la tarde, hora en que ya habría pasado
la digestión, total, que seguro que como siempre, los
invitados no empezarán a llegar hasta las 4:30 o a las
5:00; doña Flora se sentó cerca del radio a las 3:00 y
estuvo quejándose todo el tiempo del programa tan
malo, porque qué va, ya novelas como "La Maltratada", eso ya ni me molesto en esperar, porque mira que
esa novela estuvo buena y mira que yo lloré por esa
Julia, pero por Dios, si es que parecía que esa criatura
nunca se iba a encontrar con su mamá hasta que por
fin, gracias a la carta anónima que le mandaron a la
señora Carmela del Real que si no, vaya usted a saber
hasta cuándo hubiera estado esa niña en el orfelinato y
una de las cosas que no me dejaba ni dormir era la
incógnita de la carta anónima, porque ¿quién va a
conocer a la señora Carmela que vive en su casa señorial que la pueda relacionar con el orfelinato de las
Hermanas de la Caridad? yo más o menos sospecho
quién fue quien la mandó, pero qué suerte la mía que
en el programa en que se va a descubrir esa intriga,
porque eso lo que es es una intriga, pues ese día se le
ocurre a Pascual venir temprano, a las 3:00 ya estaba
entrando por esa puerta, y el café, y el agua fría y
prepárame el baño, y quiero merendar y cuando volví

52

al radio ya estábamos en Crusellas y Compañía, jabón Hiel de Vaca de Crusellas, pero ¿por qué se le habrá ocurrido a este sinvergüenza venir a las 3:00? ¿es que él se cree que yo no sé que hoy en Salubridad no iban a trabajar por ser fecha de duelo nacional? y esta mañana cuando salió temprano, yo me hice la sueca para que se fuera y yo quedarme aquí tranquila como me hago la sueca porque nunca viene a almorzar y me hace el cuento de que come cualquier cosita por ahí, pero ven acá, pedazo de sinvergüenza, ¿tú crees que yo no sé que tú tienes algún metedero por ahí? ahora seguro que es la Lidia, la enfermera esa que buena pieza que es, pero si ella te prepara el almuerzo, pues mira mi hijo, no creas que yo me voy a poner a llorar por eso, que ya bastante tengo yo con el almuerzo de los muchachos y el mío; y ese día se aparece con cara de yo no fui y con aquello de ¿no sabes Flora? como que hoy es día de duelo nacional nos dejaron salir más temprano; y se le tenía que antojar llegar a la misma hora de "La Maltratada", si yo te digo, alabado, que las cosas que tiene uno que aguantar, y di tú que al menos pude oír el capítulo final cuando Julia, ya en sus quince, le dijo a Sor María que ella quería ser novicia porque no tenía a dónde ir y que su mundo estaba con las monjitas, bueno, si no es por la carta anónima, la señora Carmela no se hubiera aparecido con ese tremendo carrazo con chofer uniformado para averiguarlo todo y aclararlo todo y terminar entre la música del órgano con ese abrazo que se dieron ella y su hija que lo que es yo, me hinché de llorar; pero ahora, mire usted lo que están poniendo, un hombre que trabaja de oficinista, un empleaducho que no vale nada, esta novela va a ser un fracaso, porque lo que es yo, no me voy a molestar ni a oírla; como para confirmar su filosofía del momento, doña Flora se acercó al radio y lo apagó; de todas formas eran ya las 3:25 y el programa llegaba a su fin con la música y los anuncios; Narcisa esperaba obediente el consentimiento de su madre para meterse en la bañadera que ya tenía preparada con agua fría porque en la casa no corría agua caliente; doña Flóra dio por fin la orden de ¡a bañarse! que se hace tarde, y Narcisa se apresuró a entrar en el agua, se enjabonó bien con la toallita, se enjuagó, se secó, se echó talco y se fue a su cuarto para ponerse una batica amarilla de piqué que Martinita le regaló para su cumpleaños; Manengo exigió que doña Flora le preparara el baño, se lo dijo a gritos, y doña Flora se quedó en silencio mientras echaba el agua en la bañadera y le traía a Manengo la toalla y la ropa que se tenía que poner; a las 5:30 cuando estaban ya todos listos, empezaron a llegar los invitados; eran pocos esta vez, los vecinos más inmediatos; los regalos que le traían a Narcisa iban a pasar a manos de doña Flora demasiado ocupada con la risita y el llanto para recordar que los regalos eran para Narcisa y que deberían de ser recibidos y abiertos por ella; Narcisa se limitó a acercarse a ella, puso una manita en el muslo izquierdo de mamá y lanzó exclamaciones intermitentes y ahogadas llenas de regocijo; ya habían pasado por la emoción de un pequeño bebé de goma, una lata de talco Mennen, tres pañuelitos, una Kolonia, dos pares de medias, unas cintas rosadas de satín, muy finas, que podían ser usadas con alguna bata de salir; le tocó el turno a un paquete tan pequeño que le hizo a doña Flora presentir dentro de él, alguna prenda de cierto valor: una cadenita de plata con medalla de la Milagrosa o una cadenita de oro con un corazoncito que se abre y en el que se pueden guardar los retratos de mamá y papá; no le dio tiempo a imaginar nada más antes de que la cajita quedara totalmente abierta y el regalo a la vista de todos: dos peineticas blancas con la figura de Betty Boop en la barrita que sujeta los dientes; Narcisa se quedó como tocada de magia porque siempre vio en Betty Boop una figura misteriosa e inalcanzable; hizo un gesto hacia la cajita para acercar a ella el contorno de bordes negros y la figura en tonos azulosos que resaltaba en el plástico blanco, pero sintió la brusca separación de doña Flora y su voz en un tono que a Narcisa le pareció desagradable: y esto, ¿para qué me han traído esto? ¿para qué quiero yo esto? Narcisa se apresuró a recalcar en su voz tan parecida al trueno, es lindo, mamá, y el material es caro, esas peineticas son bien caras, déjame verlas, mamá, ¿verdad que te gustan? valen mucho dinero; doña Flora hizo gestos simultáneos de subir los hombros, abrir las manos, ladear la cabeza y virar la boca para indicar que Narcisa no la había convencido; pero Narcisa, ya con la cajita en la mano, se dirigió a Charito, la vecina de cinco años, gracias, Charito, qué lindas están las peineticas, qué lindas están, ¿viste cómo le gustaron a mamá? ¿viste como se quedó en silencio de la emoción que le dio al ver las peineticas? Narcisa hablaba tan estruendosamente que Charito no se molestó en decir nada porque su voz no se hubiera oído, además, no quiso contradecir a Narcisa en el día de su cumpleaños, no quiso romperle ese momento que Narcisa se había inventado, tan bello; me alegro de que te gusten Narcisa, me alegro de que te gusten; se acercaba el momento de apagar las cuatro velas en el cake de vainilla con merengue rosado y blanco; Narcisa caminó hasta el rincón donde estaba Manengo sentado en una silla tan quieto, mirando fijamente a Enriquito, midiendo desde su distancia su poder sobre él; Narcisa quiso sacarlo de allí para evitar que los demás se dieran cuenta y vieran lo que ella estaba viendo, vamos, Manengo, vamos, que voy a apagar las velas; Manengo se levantó, hizo un gesto con la mano para indicar que antes de ir a la mesa tenía algo que resolver; Narcisa lo siguió hasta donde estaba Enriquito y lo oyó decir algo del retrato, parece que dijo, siempre estoy mirando el retrato; Narcisa vio en Enriquito una mirada de sobrecogimiento, de temor, pero también de fascinación; se acercó al cake y ya subida en la silla, usó su voz de trueno, Manengo, ven, Manengo, que voy a apagar las velas; Narcisa las apagó obedientemente de un soplido como había ordenado mamá y una vez apagadas fue tomando las velitas, una a una, les dio un beso y empezó a repartirlas: la primera para papá bueno y la otra primera también para mamá linda, estas dos, Manengo, una para ti y otra para mí; los obsequiados con las velitas se sintieron halagados y mostraron una sonrisa para acompañar las frases, gracias, mi hija, gracias, hija, está bien, Narcisa, ésta para mí y ésa para ti; en el mismo platico en que sirvieron el cake sirvieron un par de cucharadas del helado que por fin Pancha había hecho en la sorbetera, alabado, mira que cacareó y anunció este helado, pero bueno, mejor no me quejo porque ahora es que más falta hace, que lo del bautizo, con la champola se resolvió; junto con el cake y el helado, se repartieron, en vasitos de cartón, algunas de las Matervas que trajo Armando; doña Flora mantuvo las raciones de todo bastante escasas para que sobrara para después; no se ocupó de ahorrar helado porque a esa Pancha esta vez no se le fue la mano en generosidad y además, cuando se acabe el hielo en sal que está en la sorbetera, el helado se derrite, así es que total; la hora de la foto familiar encontró a doña Flora un poco inconforme de tenerse que retratar otra vez con esa barriga tan fea; encontró a don Pascual más serio que nunca después de haberse pasado la última hora velando en silencio cada paso de Manengo, es verdad que este muchacho, lo que yo me digo, que es un maricón, vamos a ver qué invento para ver si se endereza un poco; encontró a Manengo sin deseos de pararse de la silla donde en silencio había saboreado en solitario el cake, el helado y la Materva, desde donde ahora, seguía midiendo su poder sobre Enriquito; encontró a Narcisa haciendo los trámites para lograr una armonía total, una mano a mamá, otra mano a papá y tú, ven, Manengo, ven, mi hermano, tú también tienes que estar en la foto; Manengo se sintió importante con esto de que tú también tienes que estar y se paró como haciendo una concesión ante la circunstancia del momento; a través del lente, el vecino de al lado percibió un núcleo familiar que se le antojó inseparable e indestructible, percibió la imagen de Narcisa que había enfocado cuidadosamente para estudiarla de cerca amparándose en la cámara; después de unos segundos, se dijo que había algo en Narcisa que irradiaba de ella, casi hermoso; a partir del cumpleaños de Narcisa, don Pascual se había dedicado a vigilar a su hijo, cada gesto suyo, el timbre de su voz, su forma de caminar; Manengo fingía ignorar los ojos de su padre, pero en realidad los sentía pegados a él; de cuando en cuando, Manengo se detenía y le devolvía la mirada, retándolo; el miércoles que siguió al cumpleaños, don Pascual se apareció con un paquete, se dirigió a su hijo, ven mi hijo, vamos a tu cuarto que quiero hablarte de algo; ya en el cuarto de Manengo, don Pascual abrió el paquete y le entregó a Manengo un bate, una pelota y unos pantalones bombachos de pelotero, mira lo que te he traído, ya tú tienes seis años y es hora de que empieces a jugar pelota; Manengo recibió el regalo con una actitud conciliatoria y hasta le sonrió a su padre como dándole las gracias; don Pascual, animado por el éxito de la acogida, volvió a hablarle, sí, mi hijo, tienes que jugar pelota para ver si esto te enseña a ser un macho, a ver si esto te enseña de una vez a ser un macho; don Pascual percibió una reacción extraña en su hijo que le fue imposible interpretar pero comprendió que el momento de la comunicación había pasado y se alejó dejando un silencio que de pronto creció en la habitación; el jueves y el viernes por la tarde le preguntó a su mujer en cuanto llegó a la casa: y Manengo, ¿ha jugado a la pelota? a doña Flora le molestó la pregunta las dos veces que la oyó: y ¿qué sé yo si juega pelota o no juega? será que como no tengo nada que hacer puedo dedicarme todo el día a ver si a Manengo se le ocurre jugar; el sábado, don Pascual se retiró a dormir su siesta como acostumbraba a hacer siempre que le agarraba el mediodía en su casa; habría dormido tal vez una hora cuando oyó unos golpes en la pared del cuarto que venían desde afuera; fue saliendo del sueño con una sensación de logro: esos golpes son pelotazos, ése es Manengo que quiere que yo lo vea jugar; don Pascual se puso el pantalón, se abrochó el cinto, se puso las chancletas y salió en camiseta a rastrear a Manengo; lo encontró en el patio con los bombachos puestos, con un delantal corto de doña Flora que le arrastraba hasta el suelo; don Pascual se acercó un poco y sintió deseos de matar a su hijo; Manengo le había abierto un huequito al delantal por el cual sacó el pipí y se lo estiró delante de don Pascual, gritándole: mira, viejo hipócrita, ¿así es como quieres que juegue a la pelota? don Pascual se zafó el cinto mientras Manengo se deshacía del delantal y se echaba a correr desapareciéndose por unas tablas abiertas en la cerca del patio; don Pascual se quedó allí de pie, centrado en una rabia desde la que aun podía razonar: es mejor que se haya escapado, porque si lo agarro, lo mato, por mi madre que lo mato; entró de nuevo a su casa pensando que entre su hijo y él se había abierto para siempre la guerra; llegó el momento de las 8:00 de la noche en que doña Flora se empezó a sentir mal, empezó a perder agua; Narcisa oyó a mamá alarmada: Pascual, no te quedes ahí, ¿es que tú no ves lo que está pasando? anda, apúrate, pero apúrate y ve a buscar a Esperanza, ella sabe que ya esto estaba al reventar, cuéntale lo que ha pasado, pero acaba de salir, por Dios; don Pascual bajó el periódico y retiró el tabaco de bastante mala gana, después se decidió a llevarse con él el tabaco e írselo fumando por la calle; Manengo estaba ajeno a todo lo que estaba sucediendo en la casa, se mantenía en su cuarto, a puerta cerrada; Narcisa fue a acompañar a mamá ya acostada en la cama en la que había colocado algunas toallas; doña Flora se esforzó en tratar de contarle a Narcisa en una forma infantil y fantástica, lo que estaba sucediendo, pero Narcisa quiso evitarle el esfuerzo, deja, mamá, no te preocupes, descansa, yo te acompaño con los dolores hasta que venga Esperanza; doña Flora se asombró un poco de oír hablar a su hija con tanta madurez; Narcisa se abstuvo de darle a conocer sus preocupaciones: yo creo que esto lo que va a ser es un parto seco y a lo mejor eso es más doloroso todavía, ojalá que pronto venga Esperanza; Narcisa se mantuvo al lado de la cama, sentada en el balancito que había sido de Manengo, sujetándole una mano a mamá, sintiendo que mamá de cuando en cuando le apretaba su mano como para ayudarse con el dolor; don Pascual regresó con Esperanza quien se dirigió de inmediato al cuarto de doña Flora para encontrársela a punto de llorar, alabado, Esperanza, pensé que usted no llegaba nunca, yo no sé qué es esto que viene por ahí, pero ya con lo que he sufrido me parece que esto va a ser terrible; si no fuera por usted que es la clase de comadrona que es ya yo estuviera con el grito en el cielo; Esperanza la tranquilizó, le indicó que iba a examinarla y le hizo señas para llamarle la atención sobre la presencia de Narcisa; doña Flora dudó un momento hasta que decidió, mire, Esperanza, déjela aquí porque ella me ayuda con esto de los dolores, total, desde aquí ella no ve nada; doña Flora se abrió para dejarse examinar por Esperanza; al terminar, la comadrona dio su opinión, mire, Flora, esto todavía va para largo, así es que cójalo con calma porque aquí tenemos para rato; a Narcisa le pareció interminable aquella pesadilla de gritos, desesperaciones, dolores, apretones de mano, y ya como a las 2:00 de la mañana, la voz de Esperanza, puja, puja un poco más que ya la cabeza está al salir; el tramo que siguió fue relativamente corto; se intensificaron los pujos y los gritos, vino el llanto del bebé, vino el corte del cordón y el amarre de lo que quedó pegado al ombligo; la inmersión del bebé en una palanganita con agua tibia para lavarle la sangre y todos esos líquidos que traía pegados; mire, Flora, le dije que era una hembra pero lo que no le dije es que parece una muñequita, mire qué cosa tan linda; Esperanza le acercó a doña Flora el bebé que aun jimiqueaba un poco; doña Flora echó la risita, el llanto, ay, sí, es verdad, Esperanza, qué cosa tan linda, es una muñequita, mañana mismo, si usted puede, me le trae un azabache, que yo se lo pago; Esperanza cambió las toallas, limpió a doña Flora en lo que pudo, asentó las sábanas, sacó el cordón y la palanganita y le avisó a don Pascual que ya podía pasar al cuarto; la niña estaba acostada al lado de doña Flora vestida con un ropón corto y un pañal; mira, Pascual, ¿verdad que es una reina, verdad que se merece que la malcríen y que se lo den todo? don Pascual se sintió dominado por la condición que la niña, con su sola presencia, había parecido imponer: que se lo den todo, que ella se lo merece; y sin protestar porque no era varón, don Pascual admitió, es verdad, Flora, que parece una muñeca, habrá que complacerla en todo; Narcisa poco a poco había ido retirándose en el balance hasta arrinconarse cerca del armario, contra la pared; sintió que su voz se enronquecía y que se preparaba a soltarse en alarido, pero ella ejerció un control absoluto sobre sus cuerdas vocales y logró impedir que de ella saliera sonido alguno; en un momento de profunda meditación, Narcisa sintió el peso de esta nueva tarea que le correspondía: tener que complacer al bebé; en los días que se sucedieron, Narcisa observó a mamá preocuparse por el sistema de alimentación que tendría la niña y el horario que le tocaría; la vio puntual preparando biberones de leche a horas exactas; la vio ordenar el bautizo de la niña para que se efectuara dos semanas después del nacimiento y a pesar de los cuarenta días de reposo que se recomiendan después del parto, la vio encaminarse a la iglesia, feliz entre los halagos que le hacían a la niña; el Padre Alvarez bendijo a la familia y a la madrina Pancha y al padrino Quintín, marido de Pancha; Narcisa vio a papá y mamá absortos en la ceremonia, los vio emocionarse hasta las lágrimas cuando su hija recibió del Padre Alvarez, el nombre solemne de Florita-Ita; Manengo comenzó a asistir al pre-primario de los Maristas y doña Flora pensó que ya con cuatro años era hora de que Narcisa saliera de la casa; es cierto que Narcisa ayudaba con la niña, le daba el biberón, le avisaba cuando la niña tenía que cambiarse el pañal y hasta se había ofrecido para cambiárselo ella, pero me da miedo que no sepa manejar los alfileres de niñera y se pinche la niña sin querer, claro, Jesús, eso sería horrible, marcarle ese cuerpecito, por Dios; Narcisa quiere ayudar, pero a veces ya cansa con eso de ¿qué quieres que haga, mamá? no, mejor me quedo yo sola con la niña, que a veces se duerme como una reina y ni se entera uno que está ahí, cuando ella llora es porque quiere algo porque si no, jamás molesta a nadie; Narcisa oyó a mamá plantear la situación: mira, Pascual, es lo mejor que se puede hacer, mandarla a la escuelita de barrio que tiene Domitila Prieto, bueno, en realidad, ella es la que la atiende porque lo que es Er-

nestina se la da de muy directora porque la casa donde
está la escuelita es de Ernestina, pero tú sabes bien que
quien lucha con eso es Domitila, y a ella es a la que le
voy a hablar para que rebaje un poco el precio de
medio peso semanal porque para buscar cincuenta
quilos hay que pensarlo; don Pascual iba a protestar,
ya había virado los labios finos, levantando después el
labio superior para formar un gesto de peste, pero se
abstuvo de hablar cuando oyó a su mujer, es que viejo,
yo necesito tiempo para dedicárselo a la niña; porque si
no la cuido como debo de cuidarla yo, ¿quién lo va a
hacer? doña Flora interpretó como consentimiento el
silencio de don Pascual y al día siguiente puso a la niña
en el cochecito y se encaminó hacia la puerta después
de advertirle a Narcisa: mira, Narcisa, mejor te quedas
tú aquí, hace mucho sol y te puede hacer daño; Narcisa fue a sentarse al sofá y acarició el brazo del mueble
como lo había hecho antes; sabía que éste era el momento de entrar en una profunda meditación, pero se
obligó a no pensar en nada; doña Flora caminó feliz
con su niña de seis meses, parándose de cuando en
cuando para recibir un elogio espontáneo para Florita-Ita, o para pedirlo ella de cada amistad que pasaba
por su lado; el encuentro con Domitila le pareció seco
a doña Flora; ya sabía que era una maestra dedicada y
que tenía fama de enseñar bien, pero molestaba un
poco esa cara alargada de Domitila en la que nunca
había visto una sonrisa; después del tema inevitable de
la belleza de la niña iniciado por doña Flora, pasaron a
negociar el pago de las clases, que mire, Domitila, dígale a Ernestina que Narcisa es pequeña aún, Jesús, ni
edad escolar tiene todavía, así que ¿qué lucha puede
dar? ¿qué espacio puede ocupar aquí? pero es que nos
preocupamos por nuestros hijos, queremos lo mejor
para ellos, pero no podemos pagar más de tres reales a
la semana; el regateo continuó hasta que Domitila

consintió aceptar cuatro reales a la semana, ni un centavo menos; doña Flora se fue un poco inconforme pero pronto volvió a sentirse alegre con la idea de que seguro en el camino encontraría a alguien a quien mostrarle a la niña; al llegar a la casa, doña Flora advirtió: Narcisa, mañana empiezas a ir a la escuela; yo no voy a poder llevarte, pero es muy fácil ir: mira, cuando salgas, dobla a la izquierda, camina tres cuadras y dobla a la derecha, camina dos cuadras más y ahí, en la esquina, está la casa de Ernestina, ya yo hablé con Domitila, que es la que va a ser tu maestra; Narcisa agrandó sus ojos redondos que dejó fijos en un punto indefinido, sin decir nada; al día siguiente tomó la hoja de papel y el lápiz que mamá le había asignado y salió hacia la escuela antes de la hora señalada; el primer día de escuela Narcisa se sintió un poco insegura, no contaba con que la aceptaran; en el trayecto pensó en una solución: usar su voz fuerte para imponer su presencia, así nadie, pero nadie, podría ignorarla, además, tenía que encontrar un sistema, una forma de persistir en la búsqueda del reconocimiento de sus valores, una forma de saturar a los demás, de invadirlos hasta que les fuera imposible escapar de ese reconocimiento que les vendría a la piel como una marca; Narcisa se estrenó en el conocimiento de las letras; primeramente, irlas reconociendo, después, empezar a reproducirlas gráficamente; el aprendizaje le pareció lento a Narcisa, muy lento, se comparaba con cierta desesperación con otros compañeros y compañeras que habían empezado a aprender antes que ella y que ya le llevaban una ventaja; lo que más le atormentaba es que Margarita ya casi sabía leer; lo que más le dolía era oír a Domitila Prieto alabando a la niña: Margarita, no sabes cómo me asombra oírte leyendo ya casi de corrido, eres la alumna más adelantada ahora, eres la alumna más adelantada que he tenido; Narcisa sin-

tió algo grueso en la garganta que la ahogaba y tenía
que hacer un gran esfuerzo para dominarse cuando la
maestra le señalaba, mira, Narcisa, tienes que endere-
zar esas letras, fíjate bien que te están saliendo inclina-
das, torcidas, tienes que fijarte mejor en el modelo;
Narcisa la miró agrandando sus ojos redondos y Domitila sintió que poco a poco, con la mirada de odio
que recibió de su alumna, algo maléfico la invadía,
como una raíz maligna que se le hubiese extendido
dentro del cuerpo; Domitila se abstuvo de contradecir
a Narcisa aun cuando la oía decir en su voz de trueno,
qué bella está esta A, qué perfecta, ya tengo el dominio
absoluto de la técnica de las letras y nadie me puede
superar; cuando el estruendo se extendía por horas con
la misma letanía de la perfección de las letras, Domitila se alejaba de la salita para descansar del sonido
repetido que la atormentaba; al alejarse Domitila, Narcisa se acercaba a Margarita con algunas hojas del
cuaderno que ya le habían comprado, con algunas
páginas llenas de letras, qué letras tan bellas, como
estas letras no hay ninguna, la maestra Domitila podrá
alabar las letras de los demás, pero ella sabe, ELLA
SABE: Margarita se sentía atemorizada por aquella
imposición que se le acercaba para invadirla; se sentía
en presencia de una fuerza extraña de la cual deseaba
alejarse; apenas podía resistir esa voz golpeando un
espacio que la iba cercando más, hasta asfixiarla; a los
pocos meses de la llegada de Narcisa habían desaparecido del aula, Margarita y la maestra Domitila Prieto; Ernestina por vez primera hizo sentir su presencia;
llamó a Narcisa a una pequeña antesala, Narcisa, ¿puedes tú decirme si la ausencia de Margarita y Domitila
ha tenido algo que ver contigo? Narcisa hizo tronar su
voz, absorbió enormes bocanadas de aire para que no
le fallara el acto de hablar, gesticuló, abrió los ojos, ay,
no, señorita Directora, yo soy incapaz, incapaz, por

cuánto, mire, si es que Margarita y yo nos llevamos
como hermanas, y la maestra Domitila, cómo yo la
quiero, si yo me digo que es la mejor maestra; Ernestina se sintió convencida por el énfasis, por la voz, por
la actitud tan adulta y le respondió casi con ternura,
está bien, Narcisa, no te alarmes, está bien, todo está
bien; Narcisa se retiró con una sonrisa y se sentó en la
salita preguntándose quién sería la nueva maestra; la
invadió cierta satisfacción al ver que había impresionado a la señorita Ernestina, se alegró de ejercer un
dominio sobre esa figura delgada que dejaba presentir
la dureza de sus huesos entre la piel fláccida, la cara
alargada, el pelo canoso en moño cerca del cuello, las
gafas al aire, con un mínimo soporte de alambre de
platino; Narcisa caminó abrazada del cuaderno, for-
talecida por frases que le golpeaban el cerebro: la técnica de las letras, mía, la perfección de la A, de la B, de
todas las demás, yo sola y mi forma perfecta de letras;
día a día, al llegar a casa, Narcisa se autorizaba a
vocear sus nuevos logros, sus nuevas técnicas en la
formación de las letras después de haberse ganado ese
derecho alabando a los demás; mamá, verdad que
usted es una mujer entera, mamá, a usted no hay quien
le ponga un pie encima atendiendo la casa, y ya sabe
usted que es una mujer dichosa de tener un esposo
perfecto como papá, esa muñequita linda que es Florita-Ita, un genio como Manengo, y yo, que tanto la
quiero, mamá, dígame si no es para que usted esté
orgullosa de mí: mire para estas letras; doña Flora,
como tantas veces deseaba hacerlo, se sentía impulsada
a decirle enérgicamente a Narcisa que no la atormen-
tara con lo mismo de siempre, que se callara de una vez
por todas, que ya estaba cansada de ver las mismas
letras torcidas que apenas habían cambiado desde que
empezó en la escuela, hace meses, pero si Narcisa se
callaba para siempre, ¿quién iba a recordarle que ella

era una mujer dichosa, una mujer entera con hijos dignos de admiración y un marido perfecto? claro, que muchas, muchísimas veces, después de la alabanza, doña Flora hacía callar a Narcisa cuando empezaba a dar gritos sobre la técnica de la A, pero ya había aprendido a hacerlo valiéndose de alguna excusa: es hora del baño, se hace tarde para cenar, hay que cambiar a Florita-Ita; Narcisa se esforzaba entonces por cubrir de labios sus encías y dientes y se alejaba de mamá pensando que en realidad, cuando Florita-Ita se paraba en la cuna que antes había sido de ella, mostraba un cuerpecito demasiado raro para que le llamen muñequita linda, con la barriga panda y la nalga parada; ¿por qué mamá la encontrará tan linda? ¿porque tiene la cara de corazón como la de ella? ¿por qué la cuna de Florita-Ita está en el cuarto de mamá y papá? ¿por qué no está en el cuarto de arriba? ¿por qué mamá siempre está preocupada de ponerle el azabache si total, la que inicia las alabanzas para Florita-Ita es ella misma y las amistades lo que hacen es seguirle la corriente? ¿y por qué papá y mamá tienen el pleito y el insulto como una forma de vida? ¿y por qué Manengo siempre está a punto de fallar el curso? ¿por estar en sus experimentos? Narcisa rechazó de inmediato este momento de profunda meditación que la vino a tomar por sorpresa, sin ella esperárselo; Narcisa se dirigió al cuarto de Manengo, tan cerca del suyo, que se mantenía, como siempre, a puerta cerrada; se atrevió a tocar, a buscar la atención de su hermano en la alabanza que le traía: Manengo, mi hermano, abre ahí, tengo que hablar contigo; Manengo abrió un poco molesto y sin darle tiempo a decir nada: ya te he dicho que no te atrevas a molestarme cuando estoy ocupado, ve a molestar a otro lado, ¿no ves que estoy con *Les Miserables*? Narcisa miró aquel libro que le pareció enorme y apagó la voz para decirle, mi hermano, es para que

veas esta técnica que uso en la A, tú sabes que tú eres el
cerebro de esta casa y tú eres el que tienes que decidir;
Manengo le dio la razón, sí, es verdad lo del cerebro, y
esa A no sirve para nada; Narcisa se sintió agradecida
de la atención que le prestó su hermano antes de tirar
la puerta, agradeció esa solidaridad de él hacia su obra,
agradeció su comprensión; fue a sentarse al sofá a contemplar sus letras mientras esperaba la llegada de
papá; cuando sintió el llavín, caminó hacia la puerta,
fue a su encuentro sin tocarlo: papá, ¿cómo le fue el
día? seguro que bien, ¿verdad, papá? porque usted es el
que mejor trabaja en Salubridad, porque de usted se
enamoran todas las mujeres; cuando Narcisa pronun-
ció esto último en voz baja para que mamá no la oyera,
vio la sonrisa de papá, tan satisfecho, sí, mi hija, papá
es un hombre tremendo, no hay mujer allí que no me
saque fiesta, y yo, como hombre que soy...; cumplida la
alabanza de papá, Narcisa pasa a sacar el cuaderno, a
insistir en las nuevas técnicas de las letras; cuando vio
en el gesto de su padre que éste estaba a punto de desentenderse de ella, aceleró el paso de su voz, sin inte-
rrumpirla apenas ni para respirar, fue alterándose,
enrojeciéndose, fue hinchando las venas del cuello para
terminar a gritos: nadie sabe estas técnicas como yo,
nadie entiende el proceso de la A; don Pascual estuvo a
punto de hacer callar a su hija para siempre, pero
¿quién le recordaría entonces que él era el mejor en
Salubridad? quién le recordaría que como él, no había
nadie con las mujeres, que había que reconocer que en
eso él era un hombre tremendo; se deshizo de Narcisa
usando los pretextos de siempre: tengo que bañarme,
tengo que ver a Florita-Ita, ¿dónde está mamá? ¿dónde
está Manengo? Narcisa regresó al sofá para repetirse
que nadie, pero nadie, sabía usar los espacios en el
papel como lo hacía ella; desde donde estaba sentada,
oyó a papá: mira, Flora, hoy, hablando con Armando,

he pensado que él tiene razón, que el traje de Comunión de Armandito le debe servir ahora a Manengo y que de ser así, es mejor que ya Manengo haga la Primera Comunión y nos evitamos el gasto de estar comprando traje; doña Flora dejó los platos que estaba fregando y se llevó la punta del delantal a los ojos por si empezaba a llorar como ella presentía: alabado, Pascual, no me digas nada, que ya Martinita lo ha traído todo, pantalón, camisa, saco, bueno, todo, y es la talla del niño, mira como me erizo de la emoción, allá tú que no quieres creer en milagros pero para mí esto es como un sueño, Pascual, como un sueño; don Pascual oyó la risita y el llanto mientras se dirigía hacia el baño; Narcisa los oyó varias veces en discusiones que no le parecieron apropiadas para el momento: ahora que no se te ocurra mandar a hacer estampas de papel de pergamino con doble hoja como si fueran libros, porque con una sola hoja de cartón basta y sobra; ¿ah sí? ¿así es que soy un ridículo y un miserable? ¿y para qué vas a sacar a relucir las estampas de Armandito si el sueldo de su padre es mucho mayor que el mío? bueno, mira, Flora, ¿para qué me tienes que decir que me porte bien el sábado cuando venga el Padre Alvarez? si ya le dijiste que viniera, pues que venga y se atenderá, que yo no soy ningún salvaje y sé muy bien como tratar a la gente; a las 10:00 de la mañana del sábado, el toque de la puerta anunció la llegada del Padre Alvarez, recibido primeramente por doña Flora con saludos reverenciales, exagerados; cuando don Pascual entró en la sala, ya su mujer había iniciado la conversación, mire, Padre, además del placer de que viniera a tomarse una tacita de café con nosotros, queríamos que usted viniera a vernos para que nos explicara todo eso de la Primera Comunión, ya usted sabe, que nuestro hijo se está preparando y quisiéramos que usted nos orientara en cuanto a qué es lo que debemos de hacer; don

Pascual miró a su mujer pensando, mira que esta tía tiene tripas, hacerme perder la mañana del sábado atendiendo a este cura para que nos diga lo que ya sabemos; tuvo que contenerse para no gritarle a su mujer, pero pedazo de topo, ¿ya en el colegio no lo están preparando? ¿y qué tenemos que hacer nosotros? pues nada, ir allí ese día y verlo tomar la Comunión y eso es todo; pero en lugar de gritar lo que pensaba, Flora, ¿por qué no nos traes una tacita de café acabado de colar? el Padre Alvarez había estado pensando al mismo tiempo que don Pascual: pedazo de alcornoque, ¿para eso es que me llamas? ¿es que crees que me sobra el tiempo para perderlo con ustedes? casi todos los sábados desayuno o almuerzo con alguna familia pudiente de aquí, pero eso es otra cosa y yo sé por qué lo hago, pero esto no tiene perdón de Dios; al Padre Alvarez se le hinchó una vena del cuello de gritar en silencio, pero se controló a decir, sí, doña Flora, don Pascual ha tenido una buena idea, vendrá bien una tacita de café; doña Flora se levantó muy satisfecha de estar metida de lleno en el Catolicismo, como las familias importantes de aquí, y que no crean que ellas tienen derecho exclusivo sobre el Padre Alvarez porque mírenlo ahí, sentado en la sala, encantado con esta taza de café que le voy a llevar; cuando don Pascual se vio a solas con el Padre, sintió la necesidad de confiarse a él: mire, Padre, me alegro de que haya venido porque hay algo que francamente me preocupa: como usted probablemente sabe, mi hijo no es como todos los muchachos, usted sabe que yo soy un hombre, lo que se dice un hombre, así es que cuestión de herencia, bueno, pues por mí no puede ser, eso es imposible, pero el caso es que es así, yo a veces me devano los sesos pensando en qué disciplina, en qué castigo se le podría imponer, para que se enderece, para que no se diga que un hijo mío es así; ¿se imagina, padre? ¿un hijo

mío que sea así? esta última frase de don Pascual salió
mientras el Padre Alvarez echaba un bostezo lento,
ajeno a la conversación; casi sin prestar atención a lo
que decía, comentó, ah, sí, don Pascual, ya los Hermanos del Colegio lo han comentado, que su hijo, con
siete años que tiene, es distinto a los demás, que en ese
cuerpo se esconde un hombre adulto ya y que lo mismo
pasa con su hija Narcisa, fíjese, don Pascual, que el
tema ha surgido en varias casas distinguidas que yo
visito, que Narcisa, con cinco años habla como una
persona adulta, así es que fíjese usted, don Pascual,
que no solamente su hijo, sino que su hija también,
pero y ¿qué importa que sean adultos antes de tiempo?
alguien dirá, son caprichos de la naturaleza; no, don
Pascual, hay que decir, Dios lo ha querido así, si algo
le puede aliviar es leerse otra vez los Diez Mandamientos, léaselos otra vez, como le digo y usted verá que no
hay nada malo en ser adulto antes de tiempo; mire,
para serle franco, algunas personas que conozco se
sobrecogen al oírlos porque es que los niños no hablan
así y en cuanto a su hijo, debo de decirle que los Hermanos no están nada contentos con él; no atiende a
nada de lo que se le dice a la hora del Catecismo y a la
hora de los rezos siempre está distraído, como mirando
musarañas; imagínese que hasta sospechan que está
leyendo *Les Miserables,* un libro escrito por un fran-
cés, que le digo yo a usted que cuando salí yo tan jo-
vencito de mi aldea de España, ya sabía yo quiénes
eran los franceses, que mi aldea sería humilde, pero ya
de los franceses, bueno, sabíamos quién era quién; y yo
le digo, que ese libro no lo he leído ni me voy a arries-
gar a pecar leyéndolo porque seguro que en algún
momento de la Historia ese título habrá estado enca-
bezando el Indice y ya le repito que no se preocupe,
pero el comentario es ése, que su hijo será adulto y
todo pero en vez de ser el primero de la clase, es uno de

los últimos, que no le interesa ni la Calistenia, ni la Caligrafía del método Palmer, ni el Catecismo, que siempre anda en experimentos sospechosos y en lecturas que pueden ser pecaminosas, porque eso sí que lo aprendió en seguida, a leer, ah, eso sí; don Pascual se había quedado mirando al Padre Alvarez como atónito; doña Flora entró con las tacitas a tiempo para oír: ¿qué, don Pascual, se asombra usted que yo conozca tanto a sus hijos? pues no se asombre, don Pascual, ése es nuestro deber, ése es nuestro deber; el Padre Alvarez agradeció parcamente el café que había saboreado a plenitud, le dijo a doña Flora que ya los Hermanos del Colegio le darían la orientación que necesitara, se paró y se apresuró a marcharse; tal vez lograría enganchar el almuerzo en alguna casa rica para disfrutar de las delicias del servicio de criados, comida de alta cocina, algún Jerez, sidra o específicamente, alguna copita de Viña 25 que bien que le gustaba; don Pascual salió para verlo alejarse y se quedó allí parado como si esperara que el Padre Alvarez lo oyera pensar: pero so mequetrefe, ¿cómo es posible que no sepas ni dónde estás parado? ¿es que esas sotanas no te sirven para nada? el Padre Alvarez siguió alejándose hasta desaparecer sin volver la cabeza ni una sola vez; doña Flora llamó a su marido con tono de dama engreída de alta sociedad: ven, Pascual, que no se ve bien que te quedes ahí afuera, mirando; la gente dirá que no estamos acostumbrados a que nos visite el Padre Alvarez; al entrar don Pascual, se impresionó un poco al oír cerrarse la puerta del cuarto de Manengo, hacía a su hijo en el patio con Narcisa, lejos de toda aquella conversación, quiso cerciorarse; en el patio, encontró a Narcisa sembrando algunas semillas del melón de ayer en una lata llena de tierra, ella le verificó, no papá, Manengo no ha estado por aquí en toda la mañana, pero no se preocupe usted por eso, papá, mire lo que le estoy sembrando para usted; flores, papá, flores, unas margaritas bien lindas para que lo acompañen; el sábado siguiente, día en que le tocaba la primera confesión a Manengo, su padre lo despidió en la puerta para repetirle: recuerda que te tienes que confesar cara a cara, como los hombres, que eso de ponerse detrás de las rejillas es cosa de mujeres; Manengo lo miró a los ojos en un silencio duro que don Pascual pasó por alto, apresurándose a entrar de nuevo a la casa; en el confesionario de la capilla del Colegio se extendía una larga fila de niños que iban a hacer, al día siguiente, la Primera Comunión; un Hermano dividió la fila, les habló a los de la sección donde estaba Manengo: vamos a la iglesia, este grupo, que venga conmigo a confesarse con el Padre Alvarez porque faltan muchos todavía y hoy queremos cerrar temprano para un retiro; el Hermano dejó a los niños en la iglesia después de verlos mezclarse en la fila formada por hombres, niños, mujeres, niñas; a Manengo le pareció infinita la espera, pero no se mostró impaciente ni distraído como los demás niños; se mantuvo de pie, inmóvil, las manos entrecruzadas hacia adelante, su pelo negro, lacio, de indio rebelde; sus ojos castaños, una actitud rígida, impenetrable; la fila había avanzado, había ido desapareciendo delante de él; una niña que le pareció a Manengo demasiado pequeña para estar en aquellos ritos, confesó a gritos que le pisó la cola al gato que su papá le regaló para su cumpleaños y que antes de ayer, se comió un helado antes de almorzar y no le dijo nada a su mamá porque eso había sido una desobediencia y que cuando no se pudo comer todo el almuerzo le dijo a su mamá que era porque le dolía el estómago y su mamá le dio un purgante de magnesia y ya eso es bastante penitencia, ¿verdad, padre? Manengo no oyó la voz del Padre cuando absolvió a la niña del pecado del pisotón y el helado, pero la vio irse con las manos juntas, en recogimiento; Manengo se acercó a la rejilla, forzó un cambio en el metal de su voz, abrió el rito de la confesión, oyó al Padre responderle, prosiguió, yo me confieso, mejor dicho, yo confesaría con alguien que entendiera, que es hermoso el amor entre mancebos, que por eso, de la cantera bruta, Miguel Angel sacó a David; casi empezó Manengo a olvidar que la oreja del Padre Alvarez estaba allí pegada a la rejilla cuando oyó la voz que le recordó la presencia, la sotana, el pelo que comenzaba a canear, vamos, hijo, no hables en jerigonzas, éste no es lugar para rompecabezas, vamos, de una vez, ¿has pecado o no has pecado? ¿te tocas tus partes o no te las tocas? el Padre lo había pedido, Manengo decidió abrir el juego: sí, Padre, todos los días, con jabón Hiel de Vaca, fabricado por Crusellas; el Padre pareció impaciente, bueno y después del jabón, ¿qué? mucha agua, mucha agua, Padre, para enjuagar; bueno y después del enjuague, ¿qué? mucha toalla, Padre, mucha toalla para secar; el Padre Alvarez, malhumorado e impaciente por no haber encontrado ningún pecado, se disponía a despachar a Manengo cuando éste lo atajó: Padre, me confieso de saber los secretos de la gente del pueblo; Manengo oyó al Padre moverse en el asiento para buscar la posición más cómoda; a ver, hijo, di, ¿qué sabes? bueno, Padre, es algo que no está bien hablar, pero es lo que me dijeron de don Pascual y los lunes de las chivas de Moa, eso es todo, Padre, eso es todo lo que debo decir; el Padre urgió con impaciencia, vamos, hijo, vamos, ¿qué me dices de don Pascual? nada, Padre, que hace ocho años cuando doña Flora era novia de él, fue de vacaciones a una finca de Moa; don Pascual iba a verla todos los lunes por la noche y después de acercársele como podía, salía de allí con una desesperación que tenía que desahogarse con una chiva que había en la finca, pero el último lunes de vacaciones, don Pascual

recibió la noticia, al llegar a la finca, de que la chiva
había escapado y don Pascual convenció a doña Flora
de que saliera de la casa esa noche cuando todos estuvieran durmiendo y él la esperó en el mismo sitio en
que siempre se encontraba con la chiva y allí se desa-
hogó con doña Flora y ya tranquilo, se desapareció a
caballo en la noche oscura; el Padre Alvarez se había
quedado atónito, sin articular palabra, tratando de
identificar aquella voz que persistía en esconderse
detrás de la rejilla; Manengo sabía que había ganado la
partida y fingió, bueno, Padre, si le parece feo que yo
sepa estas cosas, yo no, ni una más, no digo ni una
más; el Padre Alvarez se apresuró, a ver, hijo, ya es
mejor que digas todo lo que sabes; Manengo tardó un
poco en empezar a hablar para mantener el suspenso;
bueno, esto lo sabe mucha gente, también lo sabe don
Pascual y lo comenta, pero qué pena, Padre, qué pena
me da decirle esto porque en realidad, bueno, se trata
de usted, mire, yo creo que todo lo empezó la viuda de
Jacintico el talabartero, que ella dice que en aquel
sermón en que usted dijo que era hermano de las
plantas, es porque tiene dos mangos bizcochuelos
debajo de la sotana, que usted, por comer uvas verdes
con Luneidita, la criadita que la viuda de Jacintico
había traído del campo, pues por comer uvas verdes,
con Luneidita, que ella, la viuda, le vio los bizcochuelos; a través de la rejilla Manengo vio al Padre Alvarez
secarse la frente con un pañuelo blanco, oyó su voz
desfallecida, a ver, hijo, ¿de qué uvas estás hablando?
bueno, hablo de las uvas de los Diez Mandamientos,
que cuando le pregunté al Hermano Jorge, bueno, y
¿qué es esto de fornicar? él me dijo, es hacer algo que
no se debe hacer, comer uvas verdes, por ejemplo, que
eso hace daño, y eso fue lo que dijo la viuda de Jacintico, que cuando usted fornicaba con Luneidita, ella
llegó a la casa y le vio los bizcochuelos que usted trae

debajo de la sotana; pero eso no es todo, deje que le cuente más; el Padre Alvarez sintió que sus cincuenta años se multiplicaban, se sintió desfallecer, esperó atento, pero no volvió a oír nada más, preguntó con urgencia, insistentemente, pero no recibió más respuesta; decidió salir del confesionario y encararse con la voz, pero afuera de la caseta, se encontró con el vacío de la iglesia; la hora del almuerzo había llegado en la larga confesión del niño de voz tan rara, e impacientes, los feligreses se habían ido a almorzar; la Comunión de Manengo se deslizó sin grandes acontecimientos; el Padre Alvarez celebró la misa en la capilla del Colegio; don Pascual no se emocionó ni lloró como su mujer desde que Manengo comenzó a desfilar por el pasillo, hacia el altar; la niña y Narcisa se habían quedado en casa, cuidadas por Pancha; al alejarse del Colegio, don Pascual comentó con su mujer, ¿no te pareció raro el Padre Alvarez? y sin esperar respuesta, yo lo encontré demacrado, descompuesto y lo que más me extrañó es que ni siquiera vino a saludarnos, a felicitarnos por lo de la Comunión; doña Flora estaba demasiado emocionada para prestarle atención a su marido, sobre todo, porque ahora se encaminaba al estudio del fotógrafo Aguilar, que don Pascual había accedido a que un fotógrafo profesional retratara a su hijo; en los días sucesivos, don Pascual recogió noticias en el trabajo de que el Padre Alvarez no andaba muy bien, nadie sabía exactamente qué le pasaba, pero parecía atormentado, perseguido, y a la vez, perseguía a algunos del pueblo hablándoles disparates que nadie entendía; esa mañana le había tocado el turno a don Pascual; como a las 11:00 de la mañana, el Padre Alvarez se apareció en las oficinas de Salubridad, buscándolo; el Padre indicó un rincón que parecía privado, para hablar: no crea usted, don Pascual, que va a seguirse divirtiendo con eso de los mangos, que por si usted no lo sabe, usted estará divulgando lo de los bizcochuelos en mi sotana, pero yo sé muy bien que usted es capaz de confundir a su mujer con una chiva de Moa, así es que con eso, ya sabe que estamos en paz; el Padre se ajustó el sombrero y se dispuso a salir; don Pascual se quedó inmóvil en el rincón, sin articular palabra; varios oficinistas se fueron acercando, oye Pascual, ¿qué fue eso que te dijo el cura? ¿tú sabes que ya se ha lanzado el runrún por el pueblo de que algo le está fallando? porque no es la primera vez que dice eso, que él tendrá bizcochuelos en la sotana pero que tú confundes a las mujeres con chivas de Moa; don Pascual estimó que era el momento de mantener su compostura, su dignidad, y fue deshaciéndose del grupo hasta llegar a su escritorio; esa noche, no sin cierta preocupación, don Pascual le comentó el incidente a su mujer, quien sin darle importancia, echó la carcajada, alabado, Pascual, si hoy mismito Pancha me estaba contando de los nuevos dicharachos que andan por ahí, que los hombres dicen, yo no tendré bizcochuelos en la sotana, pero de ser hombre, soy, que en eso no hay quien me ponga un pie alante; y que las mujeres, cuando los hombres se propasan, se las cantan bien: oye, viejo, conmigo no te confundas, que yo no soy chiva de Moa; don Pascual entró en una profunda meditación acerca del origen de los rumores, de su transformación, refundición, su metamorfosis en dicharachos; doña Flora se alejó riéndose, es verdad que esa Pancha es candela, pura candela; Narcisa pasa su séptimo cumpleaños, esta vez sin celebraciones porque todo el dinero hace falta para la ropa y atención de Florita-Ita; con la llegada del verano, doña Flora inició los suspiros y las quejas a las que estaba acostumbrada: Pascual, ¿no crees que este año podemos pasar una temporada en la playa? me dijeron que los Viamonte se van para Varadero, claro, eso sería mucho pedir, pero ¿te imaginas esa arena blanca tan fina, y caminar kilómetros en ella y el agua siempre es bajita? y puedes estar seguro de que esa arena es así, porque la hija de Olguita trajo una caja de zapatos llena de arena y yo hasta la tuve en mis manos, blanquita y fina que no da más, pero como eso ni soñarlo, podríamos ir al menos a Siboney, cerca de Santiago, aunque sea una semana, aunque sea parar en una cabaña, pero ¡qué bien nos haría la playa a todos! don Pascual cerró el gesto para dirigirse a su mujer: y la playa enorme que tienes aquí mismo en Baracoa con arena fina y negra pero ¿qué importa el color, y por qué ese empeño de no quererte bañar aquí? doña Flora amparó el llanto en la punta del delantal: porque eso no es ir a veranear, Pascual, eso no es veranear; para estos tres meses, doña Flora sugería algunos cambios en la casa, porque fíjate, Pascual, que la niña, con tres años que tiene ya no puede quedarse en el cuarto con nosotros, que cuando a ti te entra el apuro, no hay nada que te aguante que aunque tú sepas que la niña está despierta, ahí vas para el encarame; lo mejor será mudar a la niña al cuarto de Narcisa y Narcisa que vaya otra vez para el cuarto de arriba porque imagínate, si se ponen dos camitas ahí en ese cuartico de abajo, quién puede soportar esas letanías de Narcisa, no hay quién las aguante, alabado, si soy yo y me dan ganas de desaparecerme cuando empieza con las perfecciones de sus letras y las perfecciones de su forma de leer y de hablar y sus perfecciones con nosotros, que está bueno lo bueno, Pascual, pero ya eso de que nosotros vivimos en una armonía perfecta es demasiado, dónde se ha visto eso, Jesús, por Dios, dónde se ha visto eso y yo te digo, que ya me está reventando eso de que cada vez que tenemos un pleito tú y yo, como tiene que ser y como es natural, después tenemos que aguantar las desesperaciones de Narcisa que sacan de quicio a cualquiera y si ella se huele que aquí en esta casa más de una vez ha molestado, peor que peor, hay que prepararse a oírla por días y días, mamá, papá, qué lindo se llevan ustedes, qué familia tan bella, qué armonía, en qué forma perfecta me aman ustedes, pero es que tiene que ser, con esas letras que hago y lo buena que soy, porque nadie sabe cuidarlos a todos como yo, nadie sabe cuidarlos a todos como yo, nadie, mamá, nadie, papá, si es que yo soy... yo soy... bella; te imaginas, Pascual, eso mismito fue lo que dijo la semana pasada, yo te digo, que ya a mí me asfixia oírla y si le dices algo, peor es, más repite lo mismo y lo mismo, ¿te imaginas lo que nos espera para toda la vida? Pascual miró a su mujer con una dureza que su mujer supo interpretar: ¿para qué se te ocurrió parir eso? doña Flora no quiso desviar la conversación en que urgía los cambios en la casa, dando explicaciones de lo poco que ella había tenido que ver con la elección de los elementos que formaron a Narcisa porque por ahora, lo importante es decidir el cambio que quedó determinado con el silencio de don Pascual; doña Flora se decidió a hablar con Pancha, a echarle un llorado para que le regalara una camita a su ahijada; Pancha no mostró ningún entusiasmo por comprarle cama a Florita-Ita, pero sí habló con los Roselló que se van a mudar para la Habana, a ver si le dejaban la cama que era de Miguelito, porque Elba, la mujer de Roselló le dijo que la cama ya era chiquita para él; en un par de semanas ya Florita-Ita estaba trasladada al cuarto vecino del de Manengo, en la cama blanca de Miguelito; Narcisa había vuelto al cuarto de arriba donde gritaba religiosamente sus perfecciones, como un rito necesario para vivir; los primeros días los pasó Narcisa reconociendo su vieja habitación, impregnándose de su olor, de sus rincones; pidió, y le fue concedido, que colocaran su cama en la misma posición en que antiguamente estaba su cuna, así podía reubicarse, abrir sus ojos redondos en la noche y hurgar en un punto del techo, la medida de su perfección; al domingo siguiente del arreglo de la casa, doña Flora organizó una excursión al Macaguanigua entre las protestas de don Pascual que tuvo que interrumpir sus planes de ir al café con unos amigos para esperar que pasara la China, la criadita de casa de Manolo Quevedo, para ver si podía llegar con ella a un arreglo porque según dicen, la China es generosa con su cuerpo y ya él le había mandado un recado con uno de los hijos de Güito el barbero, que cuando pasara por el café, que él le iba a hablar, pero qué va, cuando a Flora se le mete algo en la cabeza no hay quien se lo quite y aunque yo no vaya, allá se va a ir y ¿si me ve por la calle en lo que ando? y mira que se lo dije, Flora, si quieres Macaguanigua, abre la pluma y échate encima toda el agua que quieras y ya lo tienes aquí mismo, a domicilio; doña Flora se sentía en excelente disposición; había asistido a misa en Nuestra Señora de la Asunción, había comprado dos libras de cobos y unos plátanos para hervir, para preparar el almuerzo allí, a las orillas del río, ya les había hablado a dos hijos de Palomo para que vinieran a ayudar a cargar dos anafes pequeños, carbón, dos calderos y dos sillas plegables; don Pascual se había quedado cuidando a los muchachos para evadirse de ir a misa; a su llegada a la casa, doña Flora encontró a Florita-Ita contenta, dispuesta y preparada para la excursión, como si la excursión se hubiera organizado en honor de ella; Manengo estaba en el cuarto de Narcisa, dándole instrucciones: no hace falta reloj porque yo sé medir el tiempo, no tengo interés en que se ahogue, solamente en saber cuánto tiempo tarda en perder el conocimiento; doña Flora y don Pascual hicieron colocar sus sillas plegables debajo de un árbol; vieron a los hijos de Palomo alejarse descalzos, sucios, trapajosos, el mayor, apretando en la mano el medio que les habían dado para los dos; don Pascual les gritó ¡a las cinco! sin falta, ¡vengan a las cinco! y se fue a sentar a la vez que apuraba a doña Flora para que empezara a cocinar; Manengo y Narcisa se alejaron con Florita-Ita, llevándola de la mano hacia la orilla; Florita-Ita se dejó adentrar en el agua con alegría de niña mimada, sintió a sus hermanos agarrarla firmemente; Florita-Ita se creyó cuidada, protegida hasta que la mano de su hermano cayó pesada sobre su cabeza y la empujó hacia el fondo; Narcisa la sujetaba para evitar que la cabeza de Florita-Ita saliera del agua, en busca de aire; en un correr de tiempo, que le pareció largo a Narcisa, el cuerpo de Florita-Ita fue cediendo a la resistencia hasta que ambos lo sintieron totalmente quieto; Manengo se dirigió a Narcisa mientras halaba a su hermana menor por el pelo para sacarla del agua: lo que yo pensé, tardó en desmayarse el tiempo exacto que yo había calculado, ocúpate tú de revivirla, yo voy a despistar a papá y mamá; Narcisa se quedó sola con la niña que yacía en tierra, boca-abajo; le vinieron a la mente ejercicios extraños para estimular la respiración y sacarle a su hermana el agua que podía haberse tragado; se dijo Narcisa que había sido ella la que había salvado a muchos de los ahogados en el Nilo, que ese conocimiento lo había traído ella en todos sus siglos y sus renacimientos: puso una pierna a cada lado de la cintura de Florita-Ita, comenzó lo que a simple vista parecía un masaje insignificante y lanzó una letanía: hoy, Florita-Ita, no te puedes ahogar; hoy, Florita-Ita, no te puedes ahogar; la niña comenzó a toser, a echar agua por la boca, a moverse lentamente como si acabara de despertar de un largo sueño; Manengo les hablaba a papá y mamá de la fundación de Baracoa en 1512 por el Adelantado Diego de Velázquez, les habló del origen indio del nombre; entre pasos que recorrían la distancia del árbol a los anafes donde se cocinaban los cobos y el plátano, Manengo reiteró que ésta fue la primera ciudad española y que llegó a ser capital del país y a la cual en 1838 se le concedió el título de Muy Fiel e Ilustre Villa de Baracoa; Manengo iba a empezar a hablar de la primera iglesia fundada in 1511 en La Punta, iba a hablar de la cruz de madera que dicen que trajo Colón y que después le llamaron cruz de parra porque se perdió y apareció en una parra, pero vio acercarse a Narcisa trayendo de la mano a la niña y se calló estos relatos a los que sabía que sus padres no prestaban atención y que a él tampoco le importaba compartir con ellos; doña Flora se alejó del caldero de cobos y se acercó a Florita-Ita; Ave María, mi hija, por Dios, ¿qué te pasa? ¿por qué estás así tan desmadejada? Narcisa se apresuró a explicarle, nada, mamá, que ella es chiquita y el sol y el agua la cansan en seguida; doña Flora se sentó, cargó a su hija que la abrazó y se quedó dormida; a las cinco los hijos de Palomo vinieron por la carga y por el otro medio que les habían prometido; don Pascual tuvo que llevar cargada a Florita-Ita: a ver, mi hija, ¿qué le pasa, si es lo que yo digo, meter a esta niña tan chiquita en este solazo, a quién se le ocurre, a quién se le ocurre? esa noche le resultaba difícil a Narcisa conciliar el sueño; le venían imágenes que se atropellaban por alcanzar paso sin esperar a su proceso de sucesión, agolpándose todas a la vez para posesionarse de su mente y convertirla en un escenario múltiple; todos parecían dormir, todos dormían, pero habían venido a asediarla sin que ninguno de ellos hiciera uso de su voluntad consciente: vinieron a golpearla los pensamientos de papá envueltos en in- conformidad y resentimiento por haberse perdido su arreglo con la China; vinieron a golpearla los pensa- mientos de mamá, menos inconformes, menos resenti- dos porque el Macaguanigua no era Varadero pero una excursión en el verano es siempre una excursión; los pensamientos de la niña vinieron a golpearle su cansancio, su nebulosa desorientación, su instantánea determinación de mantenerse prendidos al sueño; los pensamientos de Manengo vinieron a golpearla amarrados, limitados, rebeldes, qué van a entender esos dos de nada si ni siquiera les cabe en la cabeza un tramo simple de la historia, ni una fecha, ni la necesidad de meternos en la circunstancia que nos rodea; en un instante de profunda meditación, Narcisa supo que no podría sobrevivir por largo tiempo esta transformación que la convertía en circunstancia múltiple para que la habitaran los demás; caminó despacio hacia la puerta de su habitación, bajó las escaleras, fue devolviendo los pensamientos según habían llegado, por orden de aparición; se detuvo del lado de la cama donde dormía papá, en voz muy baja, lanzó la letanía: guarda en ti los hijos de tu mente, no dejes que devoren el frágil terreno de mi ser; se dirigió al lado de la cama donde dormía mamá: guarda en ti los hijos de tu mente, no dejes que devoren el frágil terreno de mi ser; se alejó de sus padres dejándoles un sueño intranquilo; se dirigió a la niña, quiso sentir por ella una ternura que se hacía distancia: guarda en ti los hijos de tu mente, no dejes que devoren el frágil terreno de mi ser; se quedó mirando a su hermana que dormía boca-abajo, la vio sobresaltarse, alzar un poco su cuerpo pequeño ayudándose de las manos, la vio abrir los ojos, chuparse varias veces el labio inferior como si se dispusiera a llorar, la vio cerrar los ojos, acostarse, continuar su sueño; Narcisa se alejó en busca de Manengo; se detuvo ante él en un largo silencio; sin mover los labios, le dejó saber: hermano, retoma el hilo de tu voz interior para que no se pierda en el frágil terreno de mi ser, en ti se cumplen los destinos de la Antigüedad; Grecia, Mesopotamia, Egipto, se alargan en tus dedos; deja tu cuerpo y sígueme, penetremos el secreto de nuestra tierra; Narcisa se hizo voz, convirtió a su hermano en sonido, abandonaron el recinto, fueron a habitar la noche: cuando sufrí mi transformación en la Bahía de Maisí, hubiera querido ocupar mi espacio en otra forma: subir al faro, dominar desde allí los arrecifes negros, las terrazas arenosas, las cavernas donde hubieras hurgado tú el misterio de los indios, sígueme, hoy cumpliremos; Narcisa recorrió, seguida del lamento de la brisa, el espacio hasta Maisí, tocaron los puntos señalados, la voz volvió a guiar: ven, nos reclama nuestra región, la que sabe el secreto de nuestra frágil condición; Narcisa se posó a la entrada de la bahía de su pueblo en la Piedra Negra del Burén; el lamento de la brisa se hizo rumor de olas, Narcisa le habló, es hora de sentirnos esta piedra, somos la libertad infinita de sus átomos, somos la rigidez de su dureza; desde aquí, sin que existan los kilómetros que nos separan, seamos la tierra plana del Yunque; seamos la suave humedad de sus laderas, rompamos la ley que rige la simbiosis, seamos en su tierra desde aquí: la voz se apagó momentáneamente como para dar paso al proceso de síntesis, hasta que apareció de nuevo en el Burén; ven, hermano, habitemos el faro de la Punta de Barlovento, allí vendrá a tocarnos el misterio de la elipsis; iremos al castillo que ha cambiado su nombre en golpes de tiempo: Castillo de Baracoa, Castillo de Seboruco, Castillo de Sanguily; seremos argamasa en sus paredes, seremos visión desde su altura para abarcar los tejados que cubren las casas de nuestro pueblo; el rumor del mar se hizo rugido del aire para seguir la voz; se cumplió el recorrido; la voz y el rugido se detienen un instante, ven, hermano, hoy entrarás en el misterio del tibaracón; seré tu delta elongado en la costa para que tú seas corriente paralela al mar, tú, Macaguanigua, tendrás la tarea de buscar tu salida al mar; Narcisa siguió siendo voz, brazos de voz, de voz-arena extendida en delta, viendo correr a su hermano, oyendo la voz de su corriente, sintiendo el movimiento de su paso, has de seguir, siempre has de seguir, trata de desembocar, rompe el delta, tienes que romper el delta para desembocar; el movimiento vertiginoso cesó en un golpe seco; Narcisa sintió el peso brusco de su materialización, se vio en el piso en el cuarto de Manengo, se fue poniendo de pie, se alejó hacia su cuarto; dejó a su hermano dormido, unido ya a su cuerpo astral; Narcisa subió las escaleras mecánicamente; se dejó caer en la cama, durmió tranquila; en los días que se sucedieron, Narcisa guardó un recogimiento silencioso, se cuidó de que nadie interrumpiera este estado interior que se había quedado en ella como un sello; habían llegado al cuarto día desde aquella experiencia, Manengo se había mantenido alejado de ella, sin hablarle apenas; al sexto día Narcisa sintió que el retiro había cumplido su ciclo, buscó el momento oportuno y solitario para hablarle a su hermano: hoy se cumple el sexto día de nuestro viaje a las bocas de la tierra, quise guiarte, quise que fueras movimiento, sonido, aire, luz; Narcisa había extendido sus brazos, había hecho indefinida, profética, la mirada de sus ojos redondos, no había notado el resentimiento, el casi odio en su hermano, hasta que oyó: eso que llamas nuestro viaje fue un sueño, un sueño equivocado en el que aparecí sin voz, ¿con qué derecho crees que puedo yo aparecer sin voz sobre la tierra? Narcisa retrocedió un poco, habló aún con los brazos extendidos; fuiste la voz del aire, fuiste voz de mar, fuiste la voz de nuestro río; Manengo apretó en puño la mano derecha caída a la altura del muslo, gritó: no eres nadie para presumir ser mi guía; no eres nadie para asignarme destinos en la tierra, no te atrevas a pretender crecer hasta mi altura, no te atrevas a romper la medida de tu pobre condición humana; Narcisa vio alejarse a su hermano, se quedó inmóvil hasta la caída de la tarde; oyó llegar a su padre, oyó el alboroto de Florita-Ita porque papá había traído cucuruchos de coco; esa noche cenó en silencio y se retiró a su cuarto; con el paso del verano se hacían los preparativos para que Narcisa comenzara a asistir al Colegio Cervantes en septiembre, porque imagínate, Pascual, ya ella está en edad escolar y si la mandamos a la escuela pública, ¿qué va a decir la gente? si te aumentan como parece que te van a aumentar porque ¿para qué si no te iba a llamar el inspector? si te aumentan, no tendremos problemas en pagar el colegio; don Pascual recordó con desagrado la visita de Armando el sábado anterior: Pascual, vengo a hablarte de tu situación en la oficina, esta vez ya la cosa es seria, hablan de trasladarte, de darte la cesantía; don Pascual se apresuró a detener a su mujer antes de que viniera para la sala: Armando y yo tenemos que hablar, no te aparezcas por la sala porque esto es cosa de hombres; doña Flora se alegró de no tener que quedarse a atender a Armando, porque en ese momento, a las 3:00, comenzaba un programa de variedades musicales y algunos poemas de José Angel Buesa, que tan lindos que los declaman, porque lo que es eso de pasarás por mi vida sin saber que pasaste, yo no me lo voy a perder; a Armando le fue difícil empezar la conversación, mira, Pascual, vengo a verte porque las quejas han llegado al inspector que vino de la Habana por unos días; varias oficinistas se han quejado, que tú al pasarles de cerca, las tocas, yo sé que son cosas sin importancia, pero las quejas de algunas que están indignadas contigo... se ha hablado de trasladarte, se ha hablado de darte la cesantía, se quejan también de que usas con ellas unos chistes y unas jaranas demasiado subidas de tono, a mí me da pena todo esto, pero ¿qué puedo hacer sino advertirte? don Pascual mantuvo el rostro cerrado, impenetrable; acompañó a su amigo hasta la puerta; al despedirse, le estrechó la mano fuertemente; don Pascual se quedó pensando, así es que eso es lo que quería el inspector con tantas preguntas ¿dónde vive usted? yo, en la calle Maceo entre Maraví y Diez de Octubre, no sé si conoce usted nuestro pueblo, señor inspector, pero eso está cerca de la Iglesia de la Asunción, la que está en el parque Independencia, el parque triangular, vivimos como a tres o cuatro cuadras de ahí, cerca de Telégrafos y Correos, cerca del cine Encanto, en fin todo está ahí, es un lugar céntrico; sí, sí tengo hijos, la pequeña va para cuatro años, la segunda va para ocho, el mayor ya tiene diez, ¿eso es todo, señor inspector? bueno, pues mucho gusto; don Pascual sintió un sudor frío recorriéndole la espalda, así es que para eso es que me quiso ver el inspector, bueno, menos mal que parece que Armando arregló la situación; con la llegada de Santiago y Santa Ana, para el 25 y el 26 se esperaban asaltos bailables en los tres clubs de la ciudad; doña Flora recorría el espacio de la casa a grandes tramos, repetidamente; el mes de julio había venido caluroso, bravo, como decía don Pascual, y ese calor la mantenía inquieta, itinerante, además, quién se puede quedar tranquila pensando que después de tanta lucha con Pascual, logré que se hiciera socio del Liceo no hace ni un par de meses de esto y ya tan pronto la oportunidad de un bailecito, Jesús, con la vergüenza que he pasado cuando Martinita me dijo el 31 que iba a esperar el año bailando en el Liceo y el 6 de enero, otra vez, yo, aquí, ocupada, Flora, preparando a los muchachos para llevarlos al baile de Reyes, y yo sin poder decirle, pues yo también, Martinita, estoy en lo mismo, pero bueno, todo llega, tengo que hablar con Lourdes, la hija de Miguelón, para que esa noche se quede con los muchachos, yo sé que ésa, con la comida y cualquier bobería que se le dé, ya está

despachada; ahora seguro que Martinita, con el viaje
que piensa hacer a Santiago, se comprará un vestido en
La Francia y después como si nada, me lo vendrá a
enseñar; porque lo que Pascual trae no sobra ni para
comprarme un corte de crepé en la retacera de los pola-
cos y decirle a Candita la costurera que yo le ayudo a
rematarlo, para que me cobre menos por la hechura,
Jesús, que un falso y una candelilla no digo yo si no la
voy a hacer, y muy requetebién; pero si le digo algo a
Pascual me dirá que la última bata de piqué que le
mandé a bordar a Florita-Ita estaba de más, pero
Jesús, por Dios, qué linda le queda esa batica, qué
linda le queda; doña Flora se acercó el delantal a los
ojos por si le entraban deseos de llorar por lo de la
batica de piqué; pero pronto se repuso interrumpida
por la determinación de que para el baile del 25 ella se
estrenaba el traje de crepé azul marino con ramazones
blancas que ya se lo imaginaba como iba a ser, si es que
lo tengo pintadito en la cabeza; don Pascual dio menos
lucha de la que se esperaba para la aprobación de la
compra del vestido, porque después de todo, la mujer
que él representara en el Liceo, tenía que ir bien plantada; decidieron ir al asalto del 25, día de Santiago;
doña Flora llevaba su traje de crepé azul con ramazones blancas y una cantidad de polvo que le hacía la
cara un poco blancusa, como máscara de geisha japo-
nesa con polvo de arroz; don Pascual llevaba su traje
blanco de hilo, el de todos los sacramentos; se man-
tenían, sin desear estarlo, juntos, uno pegado a la otra,
a la hora de servirse el ponche, a la hora de comprar la
sidra, a la hora de comprar el bocadito de jamón, a la
hora de ir al baño, separándose en los letreros de
"damas" y "caballeros", desapareciendo por las puertas contiguas para volverse a unir afuera; don Pascual
lamentó en silencio el no estar con sus amigos en el
café, donde seguro sería él el centro de atención con los

chistes subidos de tono que tenía guardados para soltarlos en la primera oportunidad, pero esto, esto es verdaderamente insoportable; doña Flora no se permitía ni siquiera hacer comentarios en silencio, porque esto es algo por lo que hay que pasar para tener clase, es que es así, es que hay que ser de la sociedad; doña Flora no se permitió reconocer y señalar que tratar de ser sociable le costaba un gran esfuerzo, le causaba una tensión, y que ella se sentía mejor, pero mucho mejor, es más, que se sentía feliz en cualquiera de esas tardes de domingo en que Pascual se iba para el café y ella agarraba a los tres muchachos y aunque fuera bajo un aguacero se iban para el cine Encanto a la tanda del mediodía, que esos quilos para el cine los iba reuniendo ella como fuera y de donde fuera que de no ser así, se hubiera perdido de ver "La copla de la Dolores" de Imperio Argentina, una peliculaza que para qué decir y ya con los avances que vi de "Quinto Patio" con Emilio Tuero, estoy reuniendo para las entradas de la semana que viene, y si son en inglés, pues también, porque con leer los letreros tengo, que bastante que lloré con "Cartas a mi amada" con Jennifer Jones y Joseph Cotten; doña Flora vio interrumpida su meditación sobre sus filmes preferidos con la voz de Martinita: hola, Flora, qué tal, Pascual, cuánto me alegro de verlos; pero no se paró a hablar con ellos; doña Flora se quedó mirando el vestido de gasa gris: es verdad que esta Martinita se ve bien, bueno, con ropa de La Francia quién no, pero hay que reconocer que de tener buen cuerpo, lo tiene, Jesús, miren esa cinturita tan chiquita, claro, así, con esa delgadez, quién no se va a ver bien, ahora seguro que lo que va a hacer es reunirse con el alcalde Ricardo Pérez Morgado y su familia y así es como debe de ser, que uno esté con la gente que algo le puede dar, pero desde el 40, cuando nació Narcisa, estoy detrás de éste, Pascual, trata de hacerte sociable con Leovigildo Prada Lores y cuando pasó Leovigildo, lo mismo le dije, trata de hacerte sociable con Manuel H. Galano Coutín, porque por Dios, hijo, si uno no está cerca de los alcaldes, ¿a quién entonces se va a arrimar uno? pero él ahí, sin decir ni media palabra y lo mismo de siempre, a irse con los amigos para el café que ya con eso lo arregla todo; doña Flora se dio cuenta de pronto que ya su copa de sidra se estaba terminando y se disponía a pedirle otra a Pascual más que nada por no estar inerte en la silla, que al menos se le viera el movimiento de alzar la copa para tomar, pero vio entrar a la pareja que representaba al club de mulatos Perla de Oriente y a la pareja que representaba al de los de color, Club Progreso, para bailar una pieza como era acostumbrado y después irse a sus respectivos clubs; doña Flora vio a las dos mujeres ondular un danzón bajo sus trajes ceñidos de satín, pensó, es verdad que estas prietas tienen una sandunga para bailar, que en eso, apártate, pero tanta brilladera es una exageración y si fueran las 11:00 de la mañana, lo mismo se aparecerían con trajes de satín; terminada la pieza, el público aplaudió a la orquesta y a las dos parejas que en pocos segundos se retiraron, desapareciendo del salón; después de varias piezas, la orquesta hizo un receso de varios minutos; doña Flora seguía llevándose la copa vacía a los labios por hacer algo; cuando la orquesta comenzó a tocar, se dirigió a su marido, vamos, Pascual, tenemos que bailar aunque sea una pieza, ¿qué van a decir todas estas gentes, que no estamos acostumbrados a estar en sociedad? don Pascual se paró de mala gana, estiró el brazo izquierdo, dispuso su pequeña figura a una distancia que creyó prudencial, trató de llevar el ritmo martilleado por la flauta, sintió que desde arriba le cayó encima la voz de su mujer: Ave María, Pascual, qué blanducho te pones, si ni siquiera siento que me estás llevando, pero y ¿qué es lo que estás haciendo? ¿es que tú no ves como bailan los demás? mira a Armando y Martinita qué bien están llevando los pasos, pero lo que es tú, con arrastrar los pies para un lado y para otro, ya tienes, que ni se sabe para dónde es que vas a ir, yo acepto que tú no quieras bailar boleros porque ya tú cuarentón y yo que no me quedo muy atrás, bonitos nos veríamos con el chi-tú-chí, que eso hasta en los jóvenes se está pasando de lo que debe ser, que por ahí he visto a cada uno con unos apretones que para qué te voy a decir, ah, ¿así es que con mi habladera confundes más los pasos? pues mira, chico, por mí ahora mismo nos sentamos, porque los pisotones que tú das no hay quien los aguante; el danzón cesó, doña Flora caminó con su marido hacia los asientos, abanicándose fuertemente aunque en realidad, en ese momento, con los ventiladores que giraban en el techo, se había calmado el calor; con la llegada de septiembre, Narcisa se vio caminando repetidamente hacia la escuela, los libros amarrados por una correa de cuero que sobresalía por el extremo opuesto a la hebilla y que ella se enredaba en la mano para llevar, colgando, el peso de los libros; a veces se preguntaba Narcisa por qué cuando ella anunció en el colegio de Domitila Prieto que tal vez no regresaría en septiembre, no vinieron a reconciliarse con ella las cuatro amigas que en los últimos meses habían dejado de hablarle; recordó el coro que le hicieron en una mañana de abril en el patio vacío de la escuela; las cuatro hicieron un redondel con los brazos extendidos, cogidas de manos, dejando a Narcisa en el centro; una de las voces comenzó la letanía, dijo un tramo, se le unió la otra voz para añadir otro fragmento en la repetición; otra voz se añadió al tercer fragmento y en el cuarto fragmento hablaron las cuatro voces: nos negamos/ nos negamos a tolerar/ nos negamos a tolerar tu voraz necesidad/ nos negamos a tolerar tu voraz necesidad de reconocimiento; con un movimiento brusco, las manos se desencadenaron, se rompió el círculo, Narcisa las vio alejarse, vio crecer la distancia y el tiempo separador; la actitud determinante de sus amigas la detuvo, detuvo la corriente de palabras que se hacinaron en el asombro de sus ojos redondos; en momentos de profunda meditación, Narcisa se decía que el abandono que sufrió en aquel patio era un abandono simbólico que había querido concretizarse, rodearla, señalarla, dejar un sello, y de esta meditación surgía la pregunta: ¿por qué me abandonan? ¿por qué todos me abandonan? ¿digo que será éste un destino que cumplir? voces internas impusieron una respuesta: no, ellas se alejan porque no comprenden, no saben lo que soy, no saben lo que siento, no conocen mi mundo: soy hija y hermana incomparable y única, soy en el universo un estado de perfección desde donde vive mi santidad; mi mundo es la armonía y el amor; Narcisa identificó un tónico de energía corriéndole por las venas y antes de ver desaparecer hacia el aula a la última de sus amigas, ya se sentía reanimada, en control de la realidad, de la única realidad que ella tenía que reconocer; ese día participó insistentemente en todas las clases de Berta Sugragnes, la maestra que había sustituído a Domitila Prieto; en el nuevo colegio, Narcisa estableció a golpe de voz una imposición innecesaria, porque sabemos que irían a ti prosélitos, seguidores, amigos buscando tu entusiasmo para descubrir la esencia de las cosas, la variedad y riqueza de tu forma de interpretar tu circunstancia, de señalar con precisión tramos de esta circunstancia para ubicarla adecuadamente dentro de un índice de valores; sabemos que puedes descorrer el velo, abrir puertas cerradas, traer a planos de percepción riquezas vivenciales que pasan desapercibidas para los demás; toma el milagro que está al alcance de tu mano, una sola señal bastará, te seguire-

mos, te seguiríamos, te seguirán los alumnos que te ro-
dean, te seguiremos nosotros, seremos página para caminar, letra a letra, a tu paso; Narcisa tenía su pupitre en
la fila del centro del aula; la maestra, la señorita Estela
Guzmán, joven, trigueña, de ojos suaves almendrados,
le resultaba agradable a Narcisa, sí, porque la señorita
Estela está al alcance de mi voz, que cuando trueno en la
clase, ella siempre me atiende, me da una respuesta,
hace un gesto de comunicación, ahora mismo, esos
títulos que escribe en la pizarra para la composición,
los jardines y plantas de nuestro pueblo; platos típicos
de Baracoa; los tibaracones; recorrido del Toa; las
minas de níquel; la leyenda de la Cruz de Parra; mi
alcalde favorito; mi familia; ay, señorita Estela, ése es
mi tema, señorita Estela, ¿puedo escoger mi familia? sí,
Narcisa, por supuesto, puedes escoger la familia; y
siguió escribiendo en la pizarra: el día de mi cumpleaños; retrato de un amigo; comentario sobre "Los dos
príncipes," de José Martí; en el regreso a casa, Narcisa
se acompañó de las ideas que usaría en esta composición de la familia; esa noche se retiró temprano a su
habitación, se sentó en la cama, recostándose del espaldar, acuclillándose para colocar encima de las rodillas
un bloque de papel rayado; escribió en el encabeza-
miento de la página: "La familia," tachó parte del
título re-escribió, leyó en alta voz: "Mi familia,"
comenzó el tema, ¿de dónde nacen las almas de los
nuestros? ¿dónde comenzó el núcleo de esta célula formada por los átomos de: Papá, Mamá, mi hermano
Manengo, mi hermana Florita-Ita y yo? tenemos que
remontarnos a épocas lejanas cuando el sextante era
instrumento primordial; más allá aun, cuando el
papiro navegaba los mares formando cunas flotantes
transportadoras de descubridores de continentes que
hoy yacen en el fondo de las aguas; no hay que estudiar
la historia, hay que mirarla a golpe de retrocesos; el

alma de mi hermano Manengo surgió y creció de reyes asirios, mi hermano Manengo tiene el sello de los dioses, mi hermano ha venido a reinar con el nombre de El Coronado; el alma de Florita-Ita surgió en las Cuchillas de Toa, en el nacimiento de nuestro extenso y caudaloso río donde se acunan las cayucas transportadoras de la siembra de las altas zonas del interior, es un alma joven, transparente, profunda, de espaldas a la frivolidad; el alma de papá nació de las hojas de tabaco; vino navegando los aires desde la región de Vuelta Abajo, para ser ejemplo de nuestro pueblo, amparo de nuestra familia, energía central de nuestro espíritu; el alma de mamá nació del fondo de ollas antiguas donde las primeras generaciones del criollismo bullían las hojas de plátanos que cubrían el bacán, vino a nuestro núcleo para darnos libertad de pensamiento, rienda suelta en nuestra evolución; mi alma nació de las partículas de arena que volaron de la faz de la Esfinge a golpes de erosión; somos cinco pilares, en número cabalístico, ocupamos un espacio de armonía habitado por nuestra santidad; la luz del día sorprendió a Narcisa dormida, sentada aun en la cama, acuclillada; la mano derecha abierta, donde reposaba un lápiz de grafito negro, pintado de amarillo; en los días sucesivos, Narcisa se dedicó a pasar en limpio la composición hasta que no tuviera ni una mancha de borrón, se abstuvo de hacer comentarios en casa, dejando la sorpresa para la emoción final, cuando la maestra la elogiara, y presentarle todo, composición y elogio, como un regalo a su familia; se mantenía callada en la espera en casa y en la escuela; un viernes, a las tres de la tarde, la señorita Estela se dispuso a devolver las composiciones: hay algunas composiciones muy buenas, buenísimas, y estoy en verdad orgullosa de ustedes, tomaría mucho tiempo comentar cada composición; les sugiero por eso que lean atentamente los comentarios; si tienen alguna pregunta, me lo dicen el lunes; Narcisa no quiso abrir su composición hasta llegar a su cuarto; caminó distraídamente por la calle Rafael Trejo, que va por detrás de la iglesia, se asombró al reconocer la puerta de su casa porque no recordaba el recorrido que había hecho para llegar a ella; pasó por alto la merienda de pan con dulce de guayaba que disfrutaban en ese momento Florita-Ita y Manengo; al subir las escaleras, sintió que las palpitaciones se aceleraron, reconoció un sudor frío bajándole por las sienes, se sentó en la cama, abrió la libreta donde había pasado la composición, reconoció la letra de la señorita Estela, que tantas veces había visto en la pizarra, comenzó a leer: Narcisa, no te pedí que escribieras una hagiografía, sino una simple composición; paso a mostrarte algunas frases de la composición de Dorita Mitjans en las que apreciarás su sencillez y claridad: Mi familia está formada de mami, papi y tres hermanitos más que están en la escuela, como yo; papi trabaja en Cayoguán, en un mineral que se llama cromo; mami trabaja también, porque nos cuida, nos prepara el baño y la comida; vamos mucho a misa; cuando nos celebran los cumpleaños reina la alegría para toda la familia y también hay alegría en el día de Reyes, en Nochebuena y el 31 cuando nos dejan esperar el año para comernos las doce uvas; bueno, Narcisa, esto te dará una idea de lo que debías de haber escrito, lo que dices tú ni se entiende ni tiene que ver con las costumbres familiares de la vida diaria, por este motivo tu calificación es de 70 sobre 100, tu maestra, Estela; Nota: no te bajo más la calificación porque se ve que hiciste un esfuerzo y esto te lo he tomado en cuenta, vale, tu maestra, Estela; al día siguiente, sábado, doña Flora y los muchachos fueron a la matinée del cine Encanto, después de sacar las entradas, doña Flora se paró a ver los cartelones, las fotografías con escenas de

"Cuéntame tu vida" con Ingrid Bergman y Gregory Peck, y con la expectación del film, reconoció en ella el placer que tantas veces había sentido con las novelas del radio; Manengo se levantó tarde el domingo, fue al comedor a desayunar, doña Flora lo acompaña con una taza de café, se siente animada a compartir con él: esos artistas que nunca han estado en el cine y si han estado, yo ni los he oído mentar, y así, de la noche a la mañana tan famosos, aunque hay que reconocer que hacen una pareja preciosa, y ese final en el que ella por fin se queda con él, que muy buena que fue con aguantarle todo eso de las rayitas que hacía con el tenedor en los manteles, que te apuesto que si le ponen un mantel de La Francia, también lo llena de rayas con el tenedor; doña Flora hablaba animadamente aprovechando una de las raras ocasiones de comunicarse con su hijo, cuando notó en Manengo una fuerza extraña concentrada en las mandíbulas, en la forma de triturar las galletas de agua, bueno, a ver, mi hijo, ¿es que tú no crees que ese final fue lindo? ¿es que tú no crees que ella hizo bien en perdonarle lo de las rayas? Manengo apartó la taza de café con leche, depositó el resto de galleta sobre el mantel como para liberarse del acto de comer, habló con una dura certeza que doña Flora hubiera querido suavizar: mamá, ¿es que no te diste cuenta de que todo no es más que un intento desesperado de desentrañar dónde reside el sentimiento de culpa que en un momento dado a todos nos puede devorar? ¿fuiste incapaz de ver que la muerte accidental del hermano que cayó sobre las rejas que lo atravesaron creó en ese hombre un sentimiento de culpa que lo hubiera llevado a la locura? ¿fuiste incapaz de ver que podemos sentirnos culpables por el simple hecho de quedarnos vivos cuando otros mueren? ¿fuiste incapaz de relacionar las rayas del mantel con las rejas que causaron la muerte? ¿fuiste incapaz de darte cuenta de que toda la escenografía que interpreta los sueños fue obra de Dalí? ¿fuiste incapaz de darte cuenta de que el director de la película fue Alfred Hitchcock? ¿por qué no lees aunque sea algunas páginas de Freud? ¿para qué has ido al cine todos estos años? de qué te ha servido ver a Chaplin, a Greta Garbo, a Douglas Fairbanks, hijo, a Douglas Fairbanks, padre, a Libertad Lamarque, a Lillian Gish, a Emilio Tuero, a Deanna Durbin, a Shirley Temple, a los Tres Chiflados, a Joan Crawford, a Ricardo Montalbán? ¿es que no te das cuenta de que ellos nos traen a la pantalla y hacen visibles para nosotros los fantasmas que habitan la tierra? ¿es que no te das cuenta de que nos regalan una visión del ser y de su universo? ¿para qué vas al cine, dime, para qué vas? Manengo se separó de la mesa, fue a encerrarse a su cuarto; doña Flora se quedó pensando en el lío tan grande que había formado Manengo por una película tan simple, con una mujer médico que fue buena y tolerante porque hay que decir que de ser tolerante lo fue en la cuestión de los manteles, y que lea a Froi y Froi cuando me han dicho que hasta de cochinadas habla ese señor y no sé como es que Pascual permite esos libros aquí y si es el Padre Alvarez, ni hablar, que seguro que la Iglesia los tiene prohibidos todos, pero estas salidas de Manengo me dicen mucho, me dicen que sigue pensando en ser un perfecto vago cuando crezca, porque cuando Pascual le dijo tan contento y tan orgulloso, mi hijo, si esto sigue así, es posible que me quede trabajando en Salubridad hasta que me toque el retiro, porque hubo un momento en que pensé que todo se terminaba, pero no, me mantienen ahí y si esto sigue así, me quedo hasta el retiro, ya he pensado que dentro de seis o siete años puedes entrar tú en Salubridad, yo iré preparando el terreno para que te den cualquier trabajito para empezar; y Manengo salirse con que no se te ocurra jamás que yo voy a encerrarme en esa mediocridad, yo tengo que dedicarme al mundo del cine, de director, de escritor de guiones, de lo que sea, pero de tu mundo mediocre jamás podrás hacerme número; aquel día me acuerdo que Manengo después de hablar como si fuera el dueño de la casa, se fue para su cuarto como lo hizo hoy y el pobre Pascual se quedó allí, gritándole vago, vago empedernido, eso es lo que crees que vas a ser tú, pero no creas que cuando crezcas vas a vivir de mis costillas porque si cuando seas un hombrón no quieres trabajar, te largas de aquí, bueno, el pobre Pascual se quedó tan disgustado que salió disparado para el café, para calmarse el mal rato con unos tragos y ahí sí que no le pude yo decir nada, porque después de eso cómo no iba a necesitar un par de tragos, no digo yo, y tres también, que el único hijo que tiene va a salirle vago, y con lo que dijo hoy se ve que quiere seguir por ese camino y aun peor, que con lo de Froi y Froi, es un vago y también un pervertido; doña Flora se quedó sentada, los codos sobre la mesa, la cabeza apoyada sobre los puños; buscaba la forma de seguir meditando sobre la escena con Manengo pero ya los pensamientos se le escapaban hacia la preparación del almuerzo; Narcisa entró en el comedor, caminando a salticos; se detuvo del otro lado de la mesa, frente a mamá; comenzó a acariciar la mesa con la mano derecha, a salpicadas; traía esa energía alegre que ella sabe transmitir para levantar al caído: mamá, estaba en mi cuarto y de pronto supe que usted no se sentía bien, que me necesitaba aquí con usted, a ver, ¿qué le pasa? ¿por qué va a estar triste con un día tan lindo que hace hoy y con lo guapa que usted se ve? ¿acaso tiene motivos para estar triste? fíjese, usted tiene un marido y unos hijos que la adoran, si es que usted, mamá, es la reina de esta casa; doña Flora se dirigió a Narcisa con ademán de indicarle que estaba equivocada, y le rectificó: no, hija, qué triste ni triste, que lo que estoy es pensando en el bacán, ya tengo el fricasé casi terminado, cuando esté, ayúdame a desmenuzar el pollo para el relleno; por lo pronto, vamos a pelar esos guineos verdes para hacer la pasta; después ponemos el pollo de relleno dentro de las almohaditas que hacemos con la pasta y envolvemos cada almohadita en hojas de plátano; Narcisa aceptó la sugerencia con entusiasmo y disposición; cuando todo estaba listo, empezaron a formar los bacanes: la hoja de plátano alisada sobre la mesa de la cocina, una capa de pasta de guineo verde, una cucharada de pollo desmenuzado, una capa encima, de guineo verde, el proceso de envolver el guineo ya relleno en la hoja de plátano; contaron un total de dieciocho bacanes que fueron colocando en una olla llena de agua para hervir; Narcisa se quedó de pie cerca de la olla para ver bullir el agua; con los ojos iluminados, le habló a su madre, ocupada en fregar algunos trastes de cocina: ¿verdad, mama, que es hermoso saber que un alma puede surgir de esa agua que atraviesa los bacanes para convertirlos en sustento, en maná de nuestra sangre? bueno, hija, pues no sé quién va a querer meterse en una olla de agua caliente, que lo que es yo, pues no me hace gracia que me pongan a hervir así; Narcisa quiso retener la luz en sus ojos redondos, pero sintió el asombro crecer en ellos; doña Flora quedó sola en la cocina echándoles Farola a los guisopos para sacarles la grasa a los trastes; es verdad que esto de parir los hijos, el sacrificio de criarlos, que cuando no es el catarro es la lucha de buscar el dinero para la escuela y después de todo esto, que ni siquiera se les pueda hablar, porque lo que es con estos dos, no hay quién se las entienda; si no fuera por Florita-Ita, qué iba a ser de mí; y al decir esto, sintió la urgencia de reafirmar lo que había pensado; dejó los trastes, fue a buscar a Florita-Ita, se la encontró en el sofá, con una *Vanidades* abierta en la sección de ropa para niñas; se acercó a su hija, se sentó junto a ella; Florita-Ita se apresuró a indicarle, mira, mamá, ésta es la batica que quiero, que me la hagan de nansú blanco con florecitas azul pálido bordadas al aire, la niña de la batica parece que tiene como seis años y yo nada más que tengo cuatro, pero sé que me va a quedar linda, quiero que me la hagan pronto; Florita-Ita se descorrió sofá abajo y se desapareció de la sala; doña Flora se quedó mirando la página abierta con la foto de la niña de la batica mientras pensaba en qué forma podría ella reunir el dinero, porque aunque a veces se consiguen retazos de tela a buen precio, lo que es Candita está carera que no da más, Jesús, ni que fuera una modista de alta costura, de esas que hay en La Habana; a mediados de curso Margarita se apareció en el aula de Narcisa; Narcisa la había dejado de ver en la escuelita de Domitila Prieto; la encontró despejada, desenvuelta; a la hora del receso, los compañeros y compañeras rodearon a Margarita para oírla hablar de su larga estada en el Canadá, los meses que pasó en Montreal, en Toronto, la experiencia tremenda de las Cataratas del Niágara; Narcisa se acercó al grupo, nadie se mostró consciente de su presencia; Narcisa fue sintiendo una larga soledad; un alejamiento que la llevaba a espacios de aire enrarecido, quiso respirar, se negó a aceptar la muerte por asfixia, ese abandono, todos la habían abandonado, respiró hondamente, hay que salvarse, tengo que salvarme de la soledad del abandono, grito, ya viene el trueno, quiero encontrar palabras que los traigan a mi centro, no es mi hora de morir, grito: esto no tiene nada que ver con el viaje, pero en la finca de mi abuelo había matas de guayaba y dice mamá que ella misma hacía dulce de guayaba, que papá la enseñó a hacer los cascos con almíbar pero papá lo que mejor sabe hacer son cascos de naranja en almíbar, es un experto en eso, un verdadero experto, todavía él los hace y con queso crema son una delicia; las cabezas se habían vuelto hacia Narcisa, como obligadas por el sonido que se impuso para apagar el relato de las Cataratas; en pocos segundos terminó el receso; los alumnos se dispusieron a regresar al aula; Margarita se abrió paso entre ellos para llegar hasta Narcisa; la miró de frente, le habló: no es el contenido de lo que dices lo que ha hecho volver las cabezas, Narcisa, sino el ruido, el ruido enorme de tu voz; Narcisa vio a Margarita alejarse seguida de los demás, se sintió el asombro en sus ojos redondos, pensó que el asombro siempre la invadía como un acto de soledad; esa noche Narcisa vio su sueño poblado de caballos azules, grácilmente flexibles, de piel transparente; los veía cabalgar en la noche, en la oscuridad donde sólo ellos eran luz, luces azulosas; de cuando en cuando, los caballos tornaban las cabezas para invitarla a seguirlos, sobre todo, un caballo menos transparente se hizo azul-gris acero, insistía, insistía en los mismos ademanes, comunicándose con ella; Narcisa se vio transparente, se vio extender los brazos para alzar el vuelo, pero no se movió; se dirigió a ellos, les dijo sin voz: aun no es mi hora, los cuatro pilares del clan gritan mi nombre; allá, en el fondo del abismo, me reclaman, se llevan a la boca pedazos de mi piel; no me abandonen del todo, nos reuniremos en otra estación, no separen de mí la órbita de su travesía; Narcisa vio las luces azules ascender hacia el infinito; sintió la pesadez de su materia sobre el colchón de su cama; sudaba profusamente; no se resignaba a reconocerse despierta en este mundo concreto de átomos hacinados, apretados, formando dureza; sintió sed, una sequedad en la boca; se levantó sin deseos, bajó las escaleras, fue a la cocina, llenó un vaso de agua, fue a sentarse a la mesa del comedor, tenía el vaso delante de ella y lo miraba abstraídamente, sin verlo, desvió la vista hacia un rincón, cerca de la pared;

alzó el pie rápidamente; con la mano derecha se quitó una chinela pero decidió matar la cucaracha agarrándola y aplastándola con las manos; se sintió orgullosa de esta hazaña y se prometió seguir matando cucarachas con sus manos, hasta el resto de sus días; se dirigió al bidón de la basura; se limpió el resto de alas y patas en el borde del bidón, volvió a sentarse frente al vaso de agua para contemplarlo, para meditar con él como si ya en este acto de contemplación se eliminara la necesidad de ingerir el líquido transparente; el tiempo se deslizó hasta que Narcisa presintió el amanecer, la casi mañana; unos chirridos la sacaron del trance en que había caído, se dijo que la voz de los pájaros venían a sacarla del casi sueño, pero la voz de los pájaros, comprobó, venía del cuarto de Manengo; retiró la silla de la mesa, se dirigió al cuarto de su hermano, entró sin tocar; Manengo está inclinado sobre un cajón de madera sobre el cual hay un hule salpicado de sangre; sobre el hule, una rata boca arriba rajada a todo lo largo del cuerpo; Manengo tiene aun la cuchilla abierta en la mano; no protestó al ver a Narcisa porque la necesitaba para quejarse: tanto trabajo para agarrar a esta rata viva para amarrarla al cajón y ahora resulta que no puedo ver como funciona, le metí la cuchilla demasiado hondo y se quedó muerta antes de que me diera tiempo a examinarla viva, bombeando la sangre, hasta la cría que tenía dentro murió en el cuchillazo, qué barbaro fui, la verdad es que fui un bárbaro, mi hermana, porque éste hubiera sido un hallazgo fenomenal, mira, desamarra la rata, envuélvela en periódicos, ponla en un cartucho y ve a botarla a dos esquinas de aquí, lávame el hule porque lo voy a necesitar para otros experimentos; Narcisa obedeció: mientras Manengo se lavaba las manos en el baño, desamarró la rata, la envolvió en periódicos, la echó en un cartucho; cuando Manengo salió del baño, Narcisa entró a lavar el hule; volvió al cuarto de su hermano, colocó el hule húmedo sobre el cajón de madera, salió del cuarto llevándose el cartucho; al abrir la puerta de la calle, le pareció que al amanecer le quedaba aún un resto de noche, sintió miedo de caminar por las calles tan desiertas; apuró el paso, echó a correr, se imaginó la rata muerta con la cría aún en el vientre, batuqueándose dentro del cartucho, pensó lanzar una letanía para acelerar la llegada de la luz del día, pero se limitó a decirse: voy a lograrlo, tengo que lograrlo, todo saldrá bien; llegó corriendo a la esquina de Maceo y Diez de Octubre, cruzó la calle hasta llegar a la segunda esquina, allí soltó el cartucho que con la carrera, voló en el aire y cayó pesadamente en la acera; el camino de regreso le pareció más fácil; al llegar a la puerta que había dejado entrejunta, se reafirmó: pude lograrlo, sabía que todo iba a salir bien; cerró la puerta con cuidado de no hacer ruido, el cuarto de Manengo estaba cerrado y no se atrevió a tocarle; subió las escaleras pensando que el logro, que la dominación del miedo, es un acto solitario; Narcisa llegó a su noveno cumpleaños que pasó sin que se lo celebraran porque mamá le debía una cuenta a Candita por la hechura de la última batica de Florita-Ita y ya la niña había exigido que mamá le comprara unas sandalitas blancas de piel tejida que estaban exhibiéndose en la vidriera de la peletería "La Perla"; mamá estaba tan apretada tratando de reunir el dinero de las sandalias, que no habían podido ni ir a ver "Por quién doblan las campanas" con Ingrid Bergman y Gary Cooper, y eso sí me hubiera gustado a mí, ir a verla, porque dice Manengo que está basada en una obra de Hemingway, porque Manengo lo sabe todo y bien que se lo gritó a mamá, ya me aburren Florita-Ita y sus idioteces, ¿cómo es posible que te dejes dominar por una imbécil de cinco años? ¿tú crees que es lógico que dejemos de ver una

película como esa por la imbécil de Florita-Ita? mamá
se puso bien furiosa y le gritó también: ¿y a ti, so atre-
vido, quién te mete en esto? tú que lo que piensas ser es
un parásito con esos humos que te han dado de ser
director de cine, qué director ni director, si tú lo que
eres es un anormal; tú crees que yo no sé lo que pasó en
el patio del colegio con Enriquito? yo me he hecho la
boba en eso porque si llega a oídos de tu padre te va a
reventar a golpes, pero no creas que no me llevé las
puyas que ha tirado Pancha, que sin decir nada claro lo
ha dicho todo; ¿no te da vergüenza de que Enriquito es
menor que tú? sí, ya sé, no tienes que gritar, ya sé que le
llevas unos meses nada más a Enriquito, pero qué me
dices de Gabrielito, el hijo de Gabriel Pintado que tiene
ocho años nada más y ya tú con once eres casi un hombre, ¿no te da vergüenza, di, no te da vergüenza? ¿es que
tú crees que yo no sé lo de Gabrielito? Narcisa recordó
a su madre agarrando una paila con ademán de tirár-
sela a su hermano; recordó a Manengo dirigiéndose a
su cuarto con un gesto de tedio, de querer ser independiente, de querer estar lejos de allí; Narcisa rechazó
este recuerdo, trató de modificarlo, pero le fue imposible, no hubo forma de convertir aquello en una escena
delicada y hermosa; optó por sustituirla por el momento, persistió en decirse: mamá es un encanto de persona, tanto que se ocupa de sus hijos, tanto que hace por
nosotros; Narcisa trató de no pensar en "Por quién
doblan las campanas" ni en su cumpleaños porque le
sería imposible convivir con ella misma si se sorpren-
día en el acto de criticar a mamá; esa tarde don Pascual
llegó temprano; en la sala, se acercó a Narcisa, como
esperando algo de ella; su hija lo adivinó, le pregunta,
¿qué, papá, alguna mujer le sacó fiesta hoy? don Pascual marcó su regocijo en el rostro, bueno, mi hija, las
mujeres son tremendas y la que me busca me encuen-
tra, esta noche voy a tener que salir, ya tú sabes, ¿no? si

103

tú fueras hombre serías como yo, acabarías con quinta
y mangos, no perdonarías una falda que te pasara por
al lado; don Pascual sonrió lleno de alegría ante la idea
de tener un hijo a quien transmitirle sus cualidades de
conquistador; miró a Narcisa compartiendo y a la vez
añorando algo en ella; Narcisa se sintió un poco confundida, sin saber a ciencia cierta, qué hubiera hecho
ella con el legado de conquistador, pero terminó pensando, por qué no, papá tiene razón, las mujeres son
tremendas, la misma Margarita, yo no dudo que la
misma Margarita sea tremenda, yo no dudo que la
misma Margarita quiera dejarse conquistar; esa noche,
después de la cena, don Pascual salió como había
anunciado, sin darle muchas explicaciones a doña
Flora; Manengo se retiró a su cuarto apretando en el
bolsillo una foto de Gabrielito; doña Flora se quedó
buscando en la *Vanidades* alguna historia interesante
de sus artistas preferidos; Florita-Ita se quedó exigiendo que al cumplir los seis años tenían que ponerla en el
colegio de La Inmaculada; Narcisa se quedó pensando
que las mujeres son tremendas; esa noche Narcisa tuvo
largas horas de profunda meditación, pensó en la
condición transitoria de nuestro ser, de nuestra voz,
pensó que si la materia no desaparece, sino que solamente se transforma, al transformarse pasa a ser otra
cosa distinta de lo que fue y por lo tanto, tenemos que
admitir que si la materia no desaparece, sí desaparece
su forma original; la condición eterna de las cosas es
precisamente, su transitoriedad; un edificio se hace
polvo con el paso de los siglos y ese polvo persiste en su
transitoriedad al convertirse en otra cosa y después
en otra y en otra; tal vez el eco de la voz hecha letra
persista, con algunas transformaciones sufridas a
manos editoras ajenas a su esencia, pero tal vez muchas
se salven, rueden intactas por los siglos, y eso seré, seré
palabra que lleve a los demás a mundos desconocidos,

me seguirán las muchedumbres, caerá sobre ellas el peso leve de mi luz; quiero anticiparme al paso del tiempo, desintegrar mi materia, llevarla al año 2,000, asomarme a lo que será mi mundo en ese pedazo de tiempo en el que ya habré cumplido sesenta años; Narcisa sintió que el peso de su cuerpo volaba a pedazos, huyendo de su ser; se sintió transparente, perdió consciencia de lugar y de tiempo; se vio, de pronto, en la calle Maceo, ante la puerta clausurada de la casa que reconoció como suya; atravesó la puerta con su cuerpo etéreo; rondó la casa vacía que aun guardaba algún mueble empolvado; en la cocina, reconoció el fregadero donde tantas veces mamá había fregado los platos del almuerzo, del desayuno, de todas las comidas; en un rincón, una *Vanidades* abierta en la página donde se hablaba de Libertad Lamarque, sus últimos éxitos como actriz y como cantante, varias fotos de la actriz poblaban el papel amarillento, agujereado de polilla; en el salón que había sido el comedor, reconoció el martillo que usó papá para clavetear la cerca del patio; en el cuarto de Manengo, en el gavetero destartalado, vio atrapada en una rendija interior, una foto de Enriquito niño, casi destrozada por el tiempo; en la repisa superior de un armario abandonado en el cuarto de mamá, unas sandalias blancas de piel que usó Florita-Ita a la edad de cinco años y que mamá había guardado para ver si las intercambiaba con alguna otra mamá, por zapatos o ropa más grandes, porque a Florita-Ita se le quedaron las sandalias nuevecitas, casi sin usar; Narcisa buscó entre el polvo otros rastros familiares; permaneció un tiempo ante las hornillas de carbón ya apagadas; reconstruyó su voz, la de mamá el día en que ella le ayudó a hacer los bacanes: mira, Narcisa, primero, una cucharada de masa de guineo, el pollo desmenuzado, otra cucharada de masa de guineo, la envoltura de hoja de plátano, sí, ayúdame a contarlos mientras los colocamos en la olla, eso es, yo también conté 18 bacanes; con los que queden del almuerzo y cualquier otra cosa, ya tengo resuelta la cena; Narcisa siguió recorriendo, buscando rastros, ¿dónde estaban los seres que habitaron la casa? Narcisa subió a su cuarto, recordó allí la cuna donde pasó su primera infancia, esperando; proyectó su recuerdo para concretizar la cuna, para concretizar a la niña que ella fue, para hablarle; vio las moléculas volar, apresurarse al hacinamiento en el punto de la habitación donde Narcisa los había llamado; vio a la niña agarrada del barandal, con un ropón corto y un pañal donde se había acumulado el orine de varios días; le habló, dime, niña, ¿pensaste algún día llegar a mi edad? ¿te visualizaste alguna vez en esta piel de sesenta años? dime, niña, ¿cómo me imaginaste desde tu cuna? ¿cómo me imaginaste en el año 2,000? la niña miró a Narcisa: nunca te imaginé desde mi cuna, pero ¿por qué hablas de edades avanzadas si ahora es que empiezas a ser mujer? Narcisa pudo medir en ese instante su edad adolescente, su falda juvenil de peter-pan estampado tupidamente en flores menudas, vio el vuelo rizado que remataba la falda, vio su blusa de hilo; quiso hablarle a la niña, ¿por qué si han pasado tantos años estoy envuelta en esta piel adolescente? la pregunta quedó sin formularse porque la niña se apresuró a desintegrarse, se apresuró a desintegrar la cuna, desaparecieron ambas en un remolino de átomos entrelazados; Narcisa se dirigió a la puerta de su cuarto, atravesó el pasillo, bajó tres peldaños de la escalera, se detuvo a contemplar la casa desde arriba; miró largo rato hacia el comedor, esperó, algo iba a pasar, algo tenía que pasar; de pronto, vio a mamá y a papá ancianos, transparentes como ella; papá llevaba del brazo a mamá, apoyada en un bastón, doblada por la artritis; supo que mamá hablaba: bueno, ven acá, Pascual, ¿y hasta cuándo vamos a estar en esto? yo hace diez años que estoy de esta parte, me estuve un año esperándote porque tú no acababas de venir, pero desde que llegaste es lo mismo y lo mismo, vamos a rondar la casa, dime, ¿qué es lo que quieres venir a buscar aquí? si todavía fuéramos a visitar a Manengo o a Florita-Ita, que él se salió con la suya en lo del cine y está por las Europas, que siempre lo dijimos, ¿recuerdas, Pascual que siempre se lo decíamos? sigue tu inclinación, mi hijo, que con ese talento, vas a triunfar; Narcisa creyó presentir el llantico y la risita que tantas veces había oído en mamá, pero la oyó continuar: y la Florita-Ita, con ese talentazo de recitadora que tiene, que aun hoy con sus cincuenta y seis años que tiene es mejor de lo que nunca fue la Paulina Singerman; te acuerdas, las fotos que nos mandó Florita-Ita de los niños? ¡mira que yo hubiera querido conocer a esos niños! recuerdas, Pascual, que yo te decía, cualquier día vienen a vernos y vamos a ver si los entendemos cuando nos hablen en argentino, porque mira que a Florita-Ita ocurrírsele irse con el marido para Buenos Aires, es que Manengo y ella tienen cada cosa! Narcisa vio a la anciana golpear el piso repetidamente con el bastón, bueno, Pascual, y te vas a quedar ahí, sin hacer nada, ¿es que estamos aquí otra vez para hurgar este polvo? dime, ¿qué esperas tú que salga de este polvo? Narcisa vio el rostro inmutable del anciano, lo vio apretar las mandíbulas como para controlar, sin lograrlo, el brote de una lágrima que le rodó mejilla abajo, por la derecha; Narcisa bajó las escaleras, gritó llamándolos, creyó haber gritado, pero vio a los ancianos darle la espalda, caminar lentamente alejándose de ella, mientras la anciana persistía: dime, Pascual, ¿para qué venimos aquí? es verdad que Manengo y Florita-Ita no pueden oírnos, pero aquí, ¿quién nos oye? dime, ¿quién nos oye y a quién oímos en este polvo? Narcisa los vio atravesar

107

las paredes con su transparencia hasta desaparecer; se sintió, ella misma, atravesando el tiempo para retroceder hasta aquí, hasta este momento de 1949 cuando sus átomos volaron para reunirse en su cuerpo, para depositarse, hacinados, sobre la cama que Chebo construyó; el curso se deslizaba en el Colegio Cervantes dentro de un cuadro previsible; Narcisa se planteaba, en momentos de profunda meditación, la forma de cubrir los límites de su visión que se extendía mucho más allá de la estrechez de las aulas, mucho más allá de la calle Maceo, más allá aun de la planicie del Yunque, más allá de la inquietud del Toa; se dijo que hay que atravesar los niveles de la tierra que van tomando distintos nombres de tiempo; se dijo que se haría palabra para penetrar la tierra, para habitar los espacios vacíos, desocupados de terrones; y emerger, emerger cargando la filosofía que ha de regir el universo e invadir las pieles de transeúntes que inocentemente doblan con su peso las cuchillas de yerba; pero lo que no sabes, Narcisa, es que hay un coro habitado de pieles, calientes ya, preparadas a recibirte, ven a encajar tu voz en nuestra historia, ven a tocar con tu imagen las marcas de nuestros cuerpos; Narcisa siguió cargando en la correa de cuero el peso de los libros; siguió vigilando la trayectoria de los átomos en la argamasa de las aceras; se dijo que su palabra tardaría en sazonarse en las entrañas de la tierra, se dijo, en un momento de profunda meditación, que le tocaba poner ahora, en el hombro de los siglos, una obra concreta, eternamente transitoria, una obra que ha de formarse desde la pequeña distancia de su mano; como un relámpago, la habitó de pronto la imagen de don Carmelo; se dirigió, por un acto voluntario del cordón de sus zapatos, hacia el almacén donde cada transeúnte leía, como en rito, el letrero enorme de letras rojas, CARMELO, EL CONSTRUCTOR, y debajo, en letras negras, pequeñas: "ma-

teriales de construcción"; Narcisa se detuvo largamente, dejó los músculos del ojo recorrer el trazo de cada
letra, avanzó hacia la entrada; dejó que el umbral de la
puerta la cubriera, como un marco; se detuvo ante
Emilio Alfonso, ese hombre que había provocado
esporádicamente discusiones en el café donde papá
establecía su condición de hombría, porque no me
vengas, Alberto, yo a Emilio lo conozco desde hace
siglos y te aseguro que Alfonso es el apellido, no el
nombre; pero Pascual, ¿me lo vas a porfiar a mí que mi
mujer es amiga de la mujer de don Carmelo y sabe que
Emilio Alfonso es el nombre compuesto y Martínez el
apellido? y si no, ahí está Santiago de testigo, ven acá,
Santiago, tú eres testigo de que yo digo que Alfonso es
apellido y acá Alberto se empeña en que es nombre, y
tú, Santiago, eres testigo de que hemos hecho la apues-
ta de un peso hasta el sábado que viene, vamos a ver
quién tiene la razón; pero Narcisa sabía que las averi-
guaciones sobre Emilio Alfonso nunca se realizaban, y
el peso apostado atravesaba meses, años, sin moverse
del bolsillo de don Pascual, sin moverse del bolsillo de
Alberto; Narcisa estudió el perfil huesudo del depen-
diente ocupado en esos momentos en clasificar tuercas
y tornillos que sacaba de sacos enormes para colocar-
los en cajitas oscuras, negruzcas que Emilio Alfonso
alineaba en uno de los estantes pegados a la pared;
Narcisa se acercó al mostrador, vio a Emilio haciendo
los cortes en el espacio que exige la ley del movimiento;
se dijo que definitivamente, Emilio Alfonso era un
nombre compuesto escogido para denominar el rostro
huesudo del manipulador de tornillos; para denominar
la afilada nariz de gancho, la protuberancia de su nuez
de Adán; Narcisa reguló el volumen de su voz hasta
suavizarlo: buenos días, Emilio Alfonso, sí, yo soy la
hija de don Pascual, no, no es que me estoy comiendo
la guásima, es que hoy nos soltaron más temprano en

el colegio, bueno, yo ni sé, la maestra no nos dio muchas explicaciones, mire, yo quería saber si podía hablar con don Carmelo, no, es mejor que no le diga que vengo de parte de papá, pero sí le puede decir que es urgente, que el día de hoy no puede pasar sin que yo hable con él; Emilio Alfonso desapareció su figura alta y filosa por el boquete de una puerta interior para volver en pocos momentos para indicar con un movimiento de cabeza, una orden que diluía su condición imperativa para hacerse concesión: pasa; Narcisa atravesó el mostrador por la abertura que Emilio Alfonso había hecho totalmente libre al levantar la tabla que hacía de puente; Narcisa se desapareció por el boquete de la puerta interior y reapareció en un cuartico pequeño que con dos escritorios y muchos papeles delataba su condición de oficina; don Carmelo estaba sentado en una silla de asiento redondo; Narcisa observó el vientre enorme descansando sobre los muslos, vio la enorme quebradura de los testículos depositados mansamente en la parte interior izquierda del pantalón; Narcisa midió la forma, midió el nivel desde el cual había que hablarle a don Carmelo: hola, don Carmelo, sí, mi mamá bien y lo mismo papá; Narcisa pareció interesarse en los libros abiertos, con páginas pobladas de números en tinta negra y en tinta roja, sí, don Carmelo, yo sé que usted está llevando los libros, yo sé que usted está balanceando las cuentas, dígame, don Carmelo, ¿es difícil balancear las cuentas? don Carmelo se haló la esquina del ancho bigote plantado sobre el labio superior como una tatagua; empezó a hablar de corporaciones, de transacciones bancarias, de inodoros de porcelana, de duchas portátiles, de los grandes secretos del arte misterioso de la albañilería, de los moldes desde donde nacen los ladrillos; mira, Narcisa, eso de hacer ladrillos, es una empresa que casi todos desconocen, algún día, tal vez algún día, nos enfrentemos a los moldes, tal vez algún día, alguna pared del pueblo esconda en sus entrañas ladrillos salidos de tus manos; Narcisa se sintió de pronto herida por la fascinación: óigame, don Carmelo, qué ser interesante es usted, cómo que no, don Carmelo, quién dice que usted no es simpático; acuérdese que uno no le puede estar haciendo mucho caso a lo que dice la gente; lo importante es saber que en cada ladrillo hay una carga de eterna transitoriedad; lo importante es saber que en nuestra mano habita la energía que da una forma, sí, don Carmelo, una forma que le regalamos al tiempo para que el tiempo la transforme; don Carmelo se quedó mirando a la niña que transmitía el mensaje incomprensible, de pie sobre las losetas de la trastienda convertida en oficina; el Constructor trató de explicar esta laguna que se abrió ante él: bueno, cómo es que esta niña no va a hablar así si el padre lee, además del periódico, las novelas de Vargas Vila, si se sabe que conoce *Les Miserables,* y la madre, para qué decir, que se sabe toda la literatura que echan por la radio; don Carmelo movió la tatagua que se hizo, de pronto, inquieta bajo la nariz: dime, Narcisita, ¿qué estás diciendo tú de los ladrillos? porque los que hay aquí, de cambiarse, nunca se han cambiado, pero si me aclaras eso un poco, pues nada, que yo trataré de ver qué es lo que quieres; Narcisa se acercó a una silla en el lado opuesto de la mesa llena de libros y se sentó: nada, don Carmelo, que hay muchas cosas que se pueden hacer con los ladrillos, el patio no está lleno de ladrillos, está lleno de obras infinitas que saldrán de los ladrillos sometidos a la magia de mis manos; Narcisa vio la inquietud de la tatagua que se esforzaba por comprender sus palabras; bajó el tono: mire, don Carmelo, quisiera jugar con los ladrillos, hacer cosas con los ladrillos, pero quiero jugar todos los días, una o dos horas después de la escuela, yo le pediré permiso a mamá; también, los sábados y los domingos quiero jugar; don Carmelo pareció tranquilizarse, suavizó la tatagua; ah, bueno, Narcisita, haberlo dicho antes, sí, hombre, todos los días le diré a Emilio Alfonso que te tenga una pilita de ladrillos en una esquina del patio, y si necesitas más, pues que te los dé; no, Narcisita, no te preocupes por eso, no tienes que decirme que tu papá no está en condiciones de hacer gastos, tú vienes a jugar y no te preocupes de dinero, si unos cuantos ladrillos, mi hija, eso no es nada; Narcisa se alejó de la trastienda, atravesó el mostrador, se encaminó hacia la puerta atravesando el silencio de tuercas, tornillos, inodoros de porcelana, que se interrumpió de pronto con la orden: ¡Emilio Alfonso! cuando venga Narcisa y pida ladrillos...; esa noche, Narcisa obtuvo de mamá y papá el permiso para quedarse trabajando con los ladrillos un par de horas después de la escuela; el permiso le fue otorgado con desinterés, con apatía; en nadie despertó curiosidad alguna por lo que pensaba hacer: Manengo, concentrado en colocar cuidadosamente una hermosa mariposa muerta en una caja de cristal, no se molestó en levantar la cabeza; papá, envuelto en la nube de su tabaco, siguió leyendo el *Diario La Marina*; mamá siguió diciendo que era la última vez que cocinaba bacanes, porque eso de estar envuelve que te envuelve en hojitas de plátano, no, hija, quién está para eso, allá el que tenga su buena criada que se dé el lujo de estos platos, pero el que tenga que hacerlo todo como yo, pues no, ni un bacán más, que el que quiera que se lo haga su abuela; doña Flora se fue a la cocina hablando sola, sabiendo que en este momento, nadie le hacía caso: hoy se han salvado ustedes porque me he pasado el día pensando en la matinée del domingo que viene, que ese "Yo, pecador", con José Mujica y Libertad Lamarque, tiene que estar preciosa y con ese embullo se me ha calmado la rabia de estar en estos calores con

las hojitas de olátano; los nombres de Libertad Lamarque y José Mujica, cayeron como un bálsamo sobre
doña Flora, quien ya, en excelente disposición, sirvió
la mesa y repartió los bacanes con orgullo, con una casi
alegría; Narcisa se quedó esperando el momento en
que hubiera podido lanzar el discurso sobre la cualidad
eternamente transitoria de las cosas, pero no le fue
dado el espacio a su palabra y se fue a su cuarto para
envolverse en una meditación profunda sobre el acto
de crear; al día siguiente, se acompañó en el aula de un
aislamiento total, se fortaleció al no dejarse contami-
nar por voces, acciones, pizarras, libros, lecciones,
papeles, libretas, dedicándose totalmente a un ejercicio
de preparación del cual salió dos veces solamente para
decirse que papá tiene razón, que las mujeres son tremendas, y que hasta la misma Margarita, si ella se lo
propone, se deja conquistar; a las tres de la tarde, los
zapatos marrones de Narcisa la iban llevando a la
puerta lateral del patio de CARMELO, EL CONS-
TRUCTOR; Narcisa entró, ejerciendo el derecho que
le había otorgado el dueño; midió los materiales que la
rodeaban; se sintió, por primera vez, centrada en su
verdadera circunstancia; en la esquina izquierda, reconoció los ladrillos apilados que le habían destinado a
ella; se acercó, hizo una pira con una base de cuatro
ladrillos que repitió cuatro veces hasta formar la altura
que le pareció apropiada; usando otros ladrillos, que le
sirvieron de escalón, Narcisa se subió a la altura; con
los brazos extendidos, se dirigió al universo: desde este
pedestal, me esparciré en el cosmos como un símbolo,
en cada rincón estará mi obra, que sólo podrán tocar,
los dedos alargados que reconozcan en mí, el infinito;
la cabeza baja, un gran silencio y el paso del tiempo
recortado en minutos, en los que Narcisa quedó
sumida en un trance; fue despertando a esta dimensión, lentamente, bajó del pedestal, se sentó delante de

los ladrillos a meditar profundamente sobre el destino que sus manos le darían a este material, pensó en la asfixia de los seres humanos, pensó en que llevamos la asfixia a cuestas, como una condición; así nos sentimos, Narcisa, vamos muriendo a golpes de asfixia, ábrenos una ventana que nos traiga un aire limpio, ábrenos una ventana que dé al mar; Narcisa continuó recogida en el silencio de la tarde; observó, sin darle importancia a la observación, que Emilio Alfonso no había dejado en el rincón argamasa de ninguna clase; tomó en sus manos dos ladrillos, los acarició, los acercó hasta que formaron una unidad, concentró en la obra un amor que le salió en forma de energía, de la palma de las manos, hasta que la invadió el conocimiento de que los ladrillos habían quedado unidos en un sello, inseparables; esto bastaba por hoy; Narcisa suspendió sus libros por la correa y se desapareció por la puerta lateral del patio; Narcisa se encontró despierta antes de la llegada del amanecer; la hora del desayuno la sorprendió en el comedor, donde había quedado sola con mamá; doña Flora se había levantado de buen humor, oye, Narcisa, ¿sabes lo que soñé anoche? que una negrita, con la cabeza llena de moñitos, se acercaba a mí y me sacaba la lengua; al principio te digo, que me puse brava porque oye, hay que ser falta de respeto para sacarle la lengua a uno así, pero después, te juro que me entró una risa, que empecé a reírme a todo lo que daba y de tanto ríe que te ríe, me desperté yo sola, y tú, ¿soñaste algo anoche? Narcisa se mantuvo un rato con los ojos vidriados, absorta, hasta que el asombro se le hizo palabra: yo cabalgué en el desierto en un caballo sin nombre hasta que de pronto, me sorprendió la lluvia; doña Flora no entendía el gesto de su hija, se sintió molesta: bueno, ¿y porque soñaste que fuiste a montar a caballo te tienes que poner así? Jesús, sabes tú los guajiros que he visto montando a caballo por la finca de tu abuelo? y nada, como si no fuera nada, Jesús, si montar a caballo es lo más natural del mundo y lo tuyo que fue un sueño, pues vete a ver; Narcisa continuaba con los ojos vidriados: no fue un sueño: anoche cabalgué en el desierto en un caballo sin nombre hasta que de pronto, me sorprendió la lluvia; doña Flora la vio desaparecer mientras se decía, como otras veces, es verdad que lo que me ha tocado a mí... tantos desvelos para criarlos y ni siquiera se puede hablar con ellos; Narcisa no dejó deslizar el tiempo, lo controlaba a golpes de ensueño, se la veía absorta, en otra dimensión que nadie aspiraba siquiera a tocar; en la clase de Historia, dejó su cuerpo en el pupitre y se fue al infinito a buscar respuestas; esa tarde, mientras se encaminaba al patio del Constructor, supo que había resuelto el misterio de la creación; se deslizó por el boquete de la puerta lateral, fue a enfrentarse a los materiales; fue sacando los ladrillos del rincón donde la esperaban y se rodeó de ellos; en una tarea que le resultaba ardua, sin espontaneidad, fue logrando una forma que, de haber sido de piedra, pudira haberse confundido con los dólmenes funerarios, con los monolitos que se agrupan en Stonehenge para medir el tiempo; Narcisa contempló el montón de ladrillos brevemente en unos segundos que acentuaron su determinación: desbarató el pequeño monumento, comenzó de nuevo; no quiso que el destino de su obra fuera custodiar muertos, no quiso que el destino de su obra fuera contar segundos, minutos, horas; si ella es un ser infinito, ¿por qué iba a crear algo que significara una limitación, una forma de medida? tomó un ladrillo, y otro, y otro, y otros más hasta formar una base rectangular desde la que fue amontonando una altura que llegó a la medida de su hombro y la sobrepasó, hasta que tuvo que ayudarse de una escalera para alcanzar el tamaño deseado; Narcisa pasó horas en aquella tarea que lograba a golpes de insistencia; supo, aunque jamás se lo diría de frente, que la obra había salido de sus manos a la fuerza, supo, aunque jamás se lo diría de frente, que aquello no tenía función, ni razón de ser; apagó sus voces interiores antes de que se atrevieran a gritarle verdades que, en ese momento, Narcisa no estaba dispuesta a oír; se acercó al montón de ladrillos, los acarició detenidamente, les transmitió la energía de sus manos, se abrazó a ellos, cayó en trance; fue despertando poco a poco para descubrir que los ladrillos habían quedado sellados; la tarde comenzó a caer para hacerse noche; Narcisa se dispuso a regresar a casa; abrió la puerta lateral sin que le diera tiempo a desaparecer, la voz de don Carmelo la detuvo: ¿y qué, Narcisita, qué has hecho con los ladrillos? Narcisa lamentó no haber guardado en ella, por un tiempo al menos, el secreto de su creación, pero al dar la explicación se dejó llevar por la necesidad de comunicarse: es una chimenea, don Carmelo, es un túnel por donde saldrá el aire viciado que nos asfixia, porque sólo deshaciéndonos de las impurezas podremos ser libres, podría decirse que esta chimenea es una ventana que nos hace asequible todo aquello que nos dé la libertad ¿no le parece, don Carmelo? el Constructor se quedó moviendo la cabeza en un temblor seguido, persistente, que cesó cuando tocó los ladrillos amontonados para preguntar en una voz ronca que a él mismo le pareció ajena, pero ¿cómo es posible, Narcisa, que hayas pegado esto? dime, ¿cómo has podido pegar esto? don Carmelo torció su cuerpo enorme para mirar de frente a Narcisa, pero el boquete de la puerta estaba vacío, abierto ante la noche que empezaba a caer; Narcisa guardó silencio durante la cena; se esforzaba por no oír las martilleantes exigencias de Florita-Ita: mira, mamá, yo estoy muy contenta de que me hayas puesto en el colegio a mediados de curso, porque allí, en la

Inmaculada soy como una artista porque a cada rato las monjas me ponen a recitar y aunque para el diario tengo que usar uniforme, los domingos por la tardecita tengo que ir al parque con batas elegantes y zapatos nuevos porque sé que las otras niñas de la Inmaculada se visten bien y no me digas, mamá, que no hay dinero para esto porque ni Narcisa ni Manengo necesitan ropa como yo, y con ellos no hay que hacer gastos; Manengo, que ya había terminado de comer, tiró la servilleta sobre la mesa y le gritó a su hermana menor: estúpida, eres una estúpida, cómo es posible que no tengas nada en el cerebro, ya desde ahora puede proyectarse lo que vas a ser: una imbécil, una imbécil total; Manengo retiró la silla con estruendo y se encaminó hacia su cuarto; don Pascual no le reprochó su actitud porque ya él también estaba cansado de las exigencias de Florita-Ita y porque su hijo, al tirar la servilleta, hizo un gesto que a don Pascual le pareció de hombre y no quiso interrumpir ese instante de masculinidad; Narcisa se mantuvo en la sobremesa, sin hablar, observando el rostro preocupado de mamá quien trataba de plantearse en qué forma podría ella resolver lo de las baticas; Narcisa se dirigió en silencio a su habitación, le hizo frente a la noche, se dijo que era el momento de irse a otra dimensión, a la dimensión de un mundo fantástico; trasladó sus átomos por un acto de voluntad, atravesó espacios cargados de una oscuridad densa, salpicada de luz de estrellas, se remontó a una región que apenas había pasado las horas del mediodía, se vio en un bosque, sentada junto a un árbol de tronco esbelto cuyas ramas guardaban apenas un resto de hojas, la luz del sol se escurría entre espacios vacíos de árboles, lamía troncos, llegó a Narcisa para hacerle sentir su calor; Narcisa se permitió descansar, se dejó recibir este calor que la acariciaba, cerró los ojos sin dejarse caer en la meditación, dejó correr el tiempo sin medirlo, extendió su mano derecha para sentir la yerba, sintió sus dedos tropezar con un objeto de metal que identificó al tacto, con una metralleta; no quiso interrumpir su estado de serenidad preguntándose el propósito y función de la presencia del arma, los minutos encaminaron su paso en una procesión corta que cesó en el instante en que Narcisa oyó el sonido del roce de la yerba, un sonido sordo que le habló de una invasión de cuerpos doblando la yerba a su paso; abrió los ojos al asombro para reconocer un ejército de ratas enormes, como de dos pies de alto, que se extendía delante de ella por metros, por millas, tal vez; las observó de cerca en su movimiento lento y pesado; las ratas parecían ignorar su presencia; venían por la izquierda para marchar despaciosamente hacia el infinito; Narcisa las sometió a su escrutinio: tenían la piel lisa, completamente lisa y brillante; desde su color grisoso, parecían hinchadas, como si quisieran reventar; Narcisa creyó entonces adivinar la función del arma; se colocó la metralleta en posición para disparar, le apuntó a una rata que pasaba cerca de uno de los troncos delgados que anunciaban, con su desnudez, el otoño; sintió en su dedo el movimiento del gatillo, oyó el ruido ensordecedor de los disparos; vio los chorros de sangre saltar como de un surtidor; vio el pellejo vacío, como una vejiga desinflada; supo que las ratas eran pellejos llenos de sangre, sin huesos y sin músculos; vio la sangre regada en la tierra rojiza, vio salir, de entre los terrones ensangrentados, otras ratas que se multiplicaban y crecían a la altura de los demás prescindiendo del paso del tiempo, las vio aparecer y engrosar la marcha sin vacilaciones, como si supieran de antemano que ése es su único destino; Narcisa dejó caer el arma, comprendió por qué las ratas se habían mantenido indiferentes ante el ruido de los disparos y ante la posibilidad de la muerte; se apresuró a desintegrar sus átomos para regresar; se vio de nuevo sentada en su cama mientras el reloj daba la hora de medianoche; la hora del desayuno sorprendió a Manengo apurado porque tenía una cita con Enriquito antes de empezar las clases; sorprendió a Florita-Ita con la satisfacción de saber que de alguna forma el sacrificio de los demás le proporcionaría las baticas y los zapatos; sorprendió a don Pascual apresurándose a salir para comprar el periódico antes de llegar a las oficinas de Salubridad; sorprendió a doña Flora rezongando contra los hechos que se le escapaban a su control: ¿tú has visto, Narcisa, lo que es el destino? ¿tú sabes lo que es que un medio que pude ahorrar ayer se me haya caído de las manos así, sin ton ni son y haya ido a parar directo al caño de desagüe? tanto que cuesta ahorrar un quilo y perderlo así porque sí; si me hubiera pasado años tratando de tirar el medio al caño, con la puntería que tengo yo, nunca hubiera acertado y ahora mira tú, así solo, se fue; Narcisa suspendió por la correa los libros que tenía en el suelo y ya de pie, miró a su madre: es que las cosas tienen un destino al que es inútil oponerse con nuestras fuerzas físicas, porque aun si las destruyéramos, volverían a multiplicarse y a multiplicar ese destino en la misma sangre que derraman; doña Flora se secó las manos en el delantal como buscando un apoyo, un respaldo en la respuesta que esta vez no se resignaba a callar: bueno, tampoco así, porque a mí, aunque me recondene y me fastidie haber perdido el medio, no quiere decir que por eso me voy a poner a sangrar, que me caerá mal lo del medio, pero no para derramamientos de sangre, no faltaba más; doña Flora quedó dando vueltas en el comedor y la cocina, satisfecha de haberle dicho a Narcisa lo que Narcisa merecía oír; Narcisa se dirigió a la puerta dando saltitos, satisfecha también, de que su madre no la hubiera entendido; esa tarde papá llegó más temprano que de costumbre, no se sentía bien, se recostó en el sofá; cuando Narcisa vino del taller, como le llamaba ella al patio de don Carmelo, se lo encontró leyendo el periódico, acostado aun en el sofá, con una ligera palidez que Narcisa atribuyó a cansancio del trabajo: ¿qué, papa, cómo le fue hoy, qué me dice de esas mujeres, tiene que salir esta noche? la casi alegría de Narcisa al hablarle de este tema no tuvo en don Pascual la misma acogida de otras veces, trató de sonreírle a su hija, pero no llegó a hablar; Narcisa lo vio desmadejarse, vio rodar el periódico al suelo, al llamarlo, no tuvo respuesta, corrió a la cocina: mamá, mamá, Manengo, papá tiene algo, corran, papá tiene algo; doña Flora empezó a dar gritos, misericordia, por Dios, pero qué es esto, si a este hombre se le ocurre morirse ahora, qué nos vamos a hacer, qué me hago yo con tres muchachos que todavía están de escuela; Florita-Ita se paró del pequeño balance donde revisaba las últimas modas de *Vanidades*, fue hasta el sofá, vio a don Pascual desmadejado y volvió al balance con la revista, después de todo, ése era un problema que los otros tenían que resolver; Narcisa tocó fuertemente en la puerta de su hermano: Manengo, Manengo, corre a buscar al doctor Méndez, papá, parece que a papá le ha dado un ataque al corazón, se nos puede morir, corre, Manengo, busca al doctor Méndez; Manengo abrió la puerta, molesto: si quieres que venga el doctor Méndez, tendrás que buscarlo tú, yo acabo de conseguir hoy un artículo sobre Frank Capra y no voy a dejarlo para salir corriendo a buscar a nadie; Manengo cerró la puerta; Florita-Ita seguía dándose balance con la revista; doña Flora caminaba descontrolada por toda la casa, dando gritos; Narcisa se le acercó: mamá, voy a buscar al doctor Méndez, quédate con papá, pásale alcohol por la frente; Narcisa se desapareció, corriendo; las dos cuadras hasta la casa del doctor le parecieron interminables; tocó a la puerta desesperadamente hasta enfrentarse con Alfredito, el hijo mayor del doctor; las palabras entrecortadas y ansiosas de Narcisa atrajeron a Josefina, la esposa del doctor Méndez quien trató de tranquilizar a Narcisa: no te pongas así, mi hija, seguro que tu papá no tiene nada, no, el doctor no está aquí, se fue a Moa desde ayer y aun no ha llegado, pero no te preocupes; Narcisa no la dejó terminar, corrió hasta la farmacia de Hilario, mire, Hilario, mi papá, puede ser un ataque al corazón, desmadejado, no vuelve en sí, un frasco de amonia, y por favor, venga conmigo, el doctor Méndez en Moa, usted es farmacéutico, por favor, Hilario; Narcisa corrió a casa, seguida a una distancia por Hilario; Narcisa atravesó el boquete de la puerta aun abierta, se acercó a su padre, abrió el frasco de amonia, se lo dio a oler; don Pascual brincó, abriendo los ojos, tosiendo: ay, papa, qué susto nos ha dado, pero ya todo pasó, ya está bien, ¿verdad que ya está bien? don Pascual hizo un gesto de estar bien, pero cansado; Hilario estaba allí, acercando una silla al sofá; con ademán de médico, diagnosticó en voz baja: nada, Pascual, que ya a tu edad tú no estás para más de cuatro cosas, todo el mundo sabe que no hay mujer que te pase por delante que tú no..., los dos hombres parecían disfrutar el tema de la gran hombría de don Pascual; doña Flora se calmó lo suficiente como para traerle una taza de café a Hilario quien se la tomó, satisfecho de habérsela ganado con sus cualidades de diagnosticador; de regreso a la farmacia se dijo que él no sería médico ni tampoco farmacéutico, que esa farmacia la compró con la herencia de su mujer, eso no era ser farmacéutico, pero si él hubiera podido estudiar, sería un verdadero genio, qué madera de médico tenía y eso nadie se lo puede negar, si es que nada más que de acercarse a don Pascual, ya, en seguida lo curó, qué talento, qué talentazo; Hilario se quedó de pie detrás del mostrador, hasta que una clienta vino a interrumpir su sonrisa iluminada, mire, Hilario, hace tres días que estoy con un dolor de muelas que no me deja ni dormir; Hilario giró sobre sí mismo, se agachó para revisar los estantes más bajos; la clienta vio las sienes que empezaban a blanquear entre el pelo negro, se dijo que Hilario tendría unos cuarenta y dos años; se dijo que qué se haría el pueblo sin este hombre que los curaba a todos, y lo confirmó al oír: mire, Rosalía, llévese esta botellita de yodo y aplíqueselo en la muela con un algodoncito, tres veces al día, si el dolor no cede en dos días, vuelva por aquí y le daré unos papelillos de sulfa; si el dolor no cede con la sulfa, entonces no se trata de una infección, sino tal vez de una carie y en ese caso, tendrá que ir al dentista; la clienta se alejó pensando que definitivamente, era un alivio que Hilario estuviera en el pueblo; Narcisa volvió al taller para encontrar la chimenea donde la había dejado, para encontrar que el rincón estaba vacío de ladrillos; pensó rápidamente la situación, una salida, fue a los montones de ladrillos regados por el patio; se dedicó a acumular los que iba escogiendo cuidadosamente, en el rincón donde se había acostumbrado a trabajar; notó que la tarea se le hacía cada vez más ardua, menos espontánea, más lenta; supo que tardaría varios días en terminar cada chimenea, supo que entre ella y su obra, se había abierto una relación indisoluble; tres, cuatro chimeneas se fueron formando con el paso de los días; Narcisa las alineaba sin tocarlas, moviéndolas con la energía que irradiaba de sus dedos cuando los acercaba a cada obra ya completa; ponía las manos, los dedos, en estrella y a una distancia como de una pulgada, les transmitía la energía motriz que trasladaba cada monumento al espacio que Narcisa le había asignado contra el muro del patio; podría ser una línea de pinos rojos, de cipreses rojos que custodiaban el patio en espera de su destino; Narcisa se sintió invadida, llena de esta circunstancia de la creación que se iba haciendo naturaleza; en un momento exacto de su historia, supo que ya no había espacio en ella, trató de extenderlo en su hermano: Manengo, mi hermano, tienes que ver mi obra, con quién voy a compartir sino contigo, ya no puedo más, esto es demasiado para mí, tengo que compartirlo contigo; Manengo acogió con apatía el entusiasmo de Narcisa; no estaba dispuesto a sufrir el aburrimiento total de la caminata hasta el patio del Constructor para ver unos pegotes de ladrillos, pero una vez, aunque sea una vez tenía que complacer a Narcisa porque si Narcisa se hartara de sus exigencias, ¿con quién, si no, iba a contar él en aquella casa? está bien, Narcisa, mañana iremos juntos, después de la escuela; los zapatos negros de Manengo, los zapatos carmelitas de Narcisa, llegaron al patio del Constructor; Narcisa apenas podía respirar, supo que era necesario hacer más lenta la función de los pulmones para que hiciera juego con el casi éxtasis que la iba invadiendo; estudió la expresión de su hermano buscando el momento en que éste se sintiera tocado por la magia de su obra, pero Manengo, en ese instante, se imaginaba a Enriquito renunciando a pararse frente al cuartel de bomberos, desde donde hubiera ido con él a casa de Angelita, la madrina de Enriquito; allí podrían pasar un par de horas solos; esa noche, la madrina regresaba de Victoria de las Tunas; durante toda la semana que había estado fuera, Enriquito le daba una vuelta a la casa, según su madrina le había encomendado; Narcisa se impacientó un poco ante la ajenidad de su hermano: bueno, dime, ¿qué te parece todo esto? Manengo apretó la boca hasta hacerla un círculo arrugadito: pues me parece una pérdida de tiempo, de energía y de materiales; Narcisa lo vio apresurarse hasta el hueco de la puerta, lo vio desaparecer; quedó inmóvil en el patio, diciéndose que Manengo le había dicho eso para que la perfección que él había visto en su obra no la llevara al engreimiento, porque el engreimiento nos lleva a la contemplación interminable de la obra dentro de una inacción paralizante; Narcisa se paró delante de la columna de chimeneas que descansaban en el muro del patio; extendió los brazos: en este instante en que el sol irradia su luz sobre la tierra, he de apresurarme a agradecer a mi hermano, el impacto de su sabiduría en mi obra; ustedes, que son producto de mis manos, se han formado gracias al toque de inspiración en el que él me ha modelado; juntos, ustedes y yo, formamos un núcleo que se ha hecho compacto, indisoluble, por el poder y por la gracia de El Coronado; un largo silencio siguió a esta ceremonia en que las chimeneas mostraban un aspecto majestuoso, atento, como si trataran de comprender; en el camino hacia Maceo y Diez de Octubre, Narcisa se dejó llevar por un amor infinito hacia su hermano en un casi éxtasis interrumpido por la cercanía del aldabón, de la puerta, de la fachada en que reconoció su casa; entró, se dirigió a su cuarto; una experiencia como la de esa tarde había que guardarla en el recogimiento; se sentó en la cama recostándose del espaldar para dejarse caer en una profunda meditación, para decirse una y otra vez, que su hermano era el guía supremo de su obra; Narcisa, sin apenas detenerse para contar el tiempo, tuvo conciencia de que la espera para la cena se había prolongado más que de costumbre, decidió bajar a la sala, encontró a mamá pegada al radio, interesada en un episodio de "El Vengador Errante"; adivinó a su hermano en su cuarto, a puerta cerrada; oyó a Florita-Ita hablando a solas, lanzando al aire la exigencia de que le compraran una trusita de latex, de rayas blancas y azules como la que le habían comprado en Fin de Siglo a una amiguita de La Inmaculada; papá aún no había llegado;

Narcisa se dispuso a poner la mesa; había colocado tres
puestos cuando el sonido del llavín le avisó que papá
estaba al entrar; se dispuso a preguntarle por las con-
quistas del día, pero la expresión violenta de papá la
mantuvo en silencio; don Pascual se quitó el saco y lo
dejó tirado en el sofá sin pensar en las veces que había
oído a doña Flora pelear porque estaba cansada de
recoger; se dirigió al cuarto de su hijo, golpeó la puerta
repetidamente, sin esperar que pasaran unos segundos
siquiera, pateó varias veces la madera hasta que Manengo abrió de mala gana; la puerta quedó abierta
para que cada uno, situado en distintos rincones de la
casa, oyera formaciones parciales de la voz: vecinos de
Angelita, desgraciado, visto desde la azotea, si te pones con mariconerías en el patio de Angelita, partirte
las entrañas, maricón, que un hijo mío sea así, la des-
gracia más grande, que no seas macho, partirte la cara,
más vale que me contenga; don Pascual cerró la puerta
de un tirón, y se metió en el baño exigiendo la toalla a
gritos; doña Flora le llevó a su marido la muda de ropa
interior que éste no le había pedido, una toalla limpia,
una camisa y un pantalón; caminó por la casa sin
rumbo, en silencio; Narcisa pensó que su hermano
sería incapaz de comer esa noche; se lo imaginaba
demacrado, en un estado de vergüenza e indignación;
comenzó a inventar soluciones, con rapidez cinemato-
gráfica, se veía apartando parte de su plato para lle-
várselo a su hermano a escondidas en el momento en
que ella le aseguraría que lo comprendía y lo aceptaba,
y que la preferencia sexual de él no tenía nadie por qué
impedírsela porque al fin y al cabo, en la mitología
griega abunda la homosexualidad y si no, debe abun-
dar porque los dioses son multisexuales y ¿por qué no
hemos de serlo nosotros? Narcisa se disponía a continuar con su hermano el diálogo imaginario de aprobación, lo vio salir de su cuarto, sentarse a la mesa

donde ya todos se habían reunido; lo vio servirse un enorme plato y comer sistemáticamente con una voracidad contenida; a la hora del postre, lo vio adelantarse y llenar el platillo primero que nadie, de cascos de guayaba y queso crema; don Pascual supo que era inútil seguir mostrando su indignación, y dejó que le asomara un cansancio que de pronto, le pareció agotador; Narcisa se dijo que tal vez su hermano podía prescindir de la aprobación de ella, pensó que quizás, ese ser maravilloso se bastaba a sí mismo, que quizás ella no marcaba una gran importancia en su vida; estaba en su cuarto, sentada en la cama donde años antes había estado su cuna; la puerta se entreabrió empujada por Manengo: mi hermana, tengo que hablar contigo, me es absolutamente necesario hablar contigo; los ojos redondos de Narcisa contemplaron los labios de su hermano apretados en círculo arrugadito como si fuera a decirse él mismo alguna palabra mimosa; hermana, tienes que ayudarme, si no eres tú, ¿quién va a hacerlo, dime, con quién se puede contar en esta casa sino contigo? Narcisa tomó las manos de su hermano entre las suyas y se dispuso a escucharlo, la boca entreabierta, los ojos en asombro; tocada por la magia: dime, mi hermano, dime qué quieres, para qué estoy aquí sino para ayudarte; Manengo, ya confiado, se dispuso a pedir: van a dar un curso especial de cinematografía, instructores técnicos, pero con papá no se puede contar, se van a instalar en las accesorias de Evangelina, pero la matrícula, ya tú sabes, que los artistas no se han hecho para el trabajo, pero tú lo podrías hacer, papá dijo que si él hablaba, me podían poner de cobrador de agua y electricidad, yo le voy a decir que sí, pero tú sales a hacer los cobros, y le decimos que soy yo quien los hace; Narcisa se sintió llena de ternura y emoción; hermano, para eso estamos, para ayudarnos, mañana mismo puedo empezar con los cobros; Manengo salió del cuarto sin dar las gracias, y fue a encerrarse; Narcisa comenzó a salir en las horas tempranas de la mañana para hacer los primeros cobros del día antes de irse para la escuela; regresaba a la casa en el momento en que los demás empezaban a levantarse; Narcisa tuvo que extender los cobros porque la matrícula resultó más cara de lo que ella podía pagar con los cobros iniciales, se hizo cobradora de dos bodegas, de una peletería, de una quincalla de billetes; en el taller, tuvo que acelerar el proceso de su creación, manejaba los materiales con voracidad para poder armar la obra en el escaso tiempo que le robaba a los cobros; una tarde en que trabajaba en el taller dominada por la ansiedad, don Carmelo salió al patio; no parecía estar de muy buen humor: mira, Narcisa, cuando te dije que podías usar unos cuantos ladrillos, no fue para que cada día vinieras a usar un montón y hacer estas cosas, que ya casi ni tenemos espacio para tanta chimenea, yo he tratado de deshacer todo esto, pero no hay manera, tú puedes seguir viniendo y puedes entretenerte aquí como te parezca, pero no puedes seguir cogiendo más ladrillos, no hay lugar ya para más chimeneas de éstas; Narcisa se quedó agachada ante una obra que estaba terminando, acarició los ladrillos largamente y con la energía de sus manos, fue guiando la chimenea que fue a colocarse contra el muro, junto a las demás; Narcisa se despidió de la columna de chimeneas, sin palabras; con el agradecimiento de que hubieran surgido de ella, con la tristeza de una separación que se le antojó definitiva; al dirigirse a la puerta, oyó la voz de Emilio Alfonso, urgente y confidencial: no se preocupe, don Carmelo, hoy habrá luna llena, a medianoche estaré aquí, la ceremonia dará resultado, mañana todas estas chimeneas volverán a ser ladrillos; Narcisa se alejó imaginándose a Emilio Alfonso en el relente, cortando con su cuerpo filoso pedazos de noche; se imaginó los ladrillos reposando mansamente, desvalidos, en el piso del taller; antes de llegar a su casa, hizo el recorrido final de los últimos cobros del día; cuando entró, ya todos estaban sentados a la mesa; se dio cuenta, en el silencio sin preguntas de papá, que él se había dado cuenta de todo, que sabía que en realidad era ella y no Manengo la que salía a cobrar, pero también supo que papá iba a dejar las cosas así para no tener que señalar en su hijo una debilidad más; Narcisa demoró su regreso al taller, dejó pasar los días como para no enfrentarse a una realidad que presentía desoladora; el trabajo de los cobros se iba dejando sentir, Narcisa tenía ojeras que la marcaban con una mancha verde, ennegrecida; a veces sintió la necesidad de señalar que ella también necesitaba el tiempo, que mientras recorría las calles, sentía en sus manos la urgencia de moldear su obra; pero al menos estaba haciendo posible el sueño de su hermano, ¿verdad, mi hermano, que has encontrado tu camino? dime, ¿qué aspecto te interesa más de la cinematografía? vio a su hermano alejarse bruscamente: aunque te lo explique, nada vas a entender, Narcisa, quizás empiece a escribir libretos, pero para poder hacerlo, tengo que entender los films desde dentro; Narcisa guardó la necesidad de decir que ella sí entendía, que ella también sentía la urgencia creciéndole en los dedos, pero sabía que era la hora del silencio y se dispuso a arreglar las cuentas que guardaba en un cartucho junto con algunos pesos, para ir a hacer la liquidación a una de las bodegas al mediodía, entre clase y clase, a la hora de un almuerzo que ya, desde hace meses, había dejado de ser libre; cuando se aproximó el cierre de curso, Narcisa se dijo que le llegaba una época de vacación y descanso, un tiempo que iba a ser suyo y de su obra, sin interferencia de los otros, para hacer una colección de chimeneas que marcarían indeleblemente la historia de la creación; allí, en el taller, estaban los ladrillos apilados, como células sueltas, de chimeneas anteriores; el enfrentamiento a su obra disuelta no la había desolado como ella pensó, le dio un nuevo incentivo para crear, para confirmar que el acto de la creación en sí es indestructible, que el instante de la creación queda fijo en el tiempo intocado por el paso infinito de los siglos; la obra creada podrá desaparecer, pero el momento de la creación pasa a ser un dios imperturbable y eterno; esa misma tarde del enfrentamiento, Narcisa comenzó a experimentar unos diseños que se le antojaban distintos a los de las chimeneas anteriores y que eran sólo un anticipo, una práctica, de lo que iba a ser la columna del verano, se sentó en el sofá, las manos depositadas en el hueco de los muslos; Florita-Ita inspeccionaba algunas hojas sueltas de lo que había sido un catálogo de Sears; Manengo pasaba hacia su cuarto, lo detuvo la voz de Narcisa: ven acá, mi hermano, tengo que decirte mis planes para el verano; voy a empezar una nueva columna de chimeneas, si ves lo que estoy haciendo, te caes para atrás, y eso que lo de ahora es un ensayo nada más, un anticipo de lo que voy a hacer en el verano; sin clases y sin cobros, imagínate lo que va a lograr mi energía, tienes que venir a ver lo que estoy haciendo; Manengo iba a seguir de largo, pero se detuvo: sí, me interesa ver lo que estás haciendo, yo, con tantas cosas, nunca tengo tiempo de ir al taller, pero me interesa mucho, pero mucho, lo que estás haciendo, por lo que vi el día que fui al taller, sé que eres una artista, una verdadera artista, pero no creo, mi hermana, que puedas dejar los cobros en el verano porque en esos meses tengo que comprar libros, informarme, tengo que comprar revistas que traigan artículos sobre el cine, y en septiembre, seguir tomando el curso especial, que cada vez se hace más caro, tú sabes bien que éste es un llamado, va más allá de una simple vocación, ya en mí, es una forma de ser; lo que quede en el verano después que compre los libros, me lo pones en una cuenta en el banco a mi nombre, ya tú sabes, mi hermana, cuento contigo; Narcisa iba a decir que para eso estamos, para ayudarnos, pero Manengo desapareció antes de que su hermana comenzara a hablar; Florita-Ita, desde su pequeño balance, exigió: y no creas que a Manengo se lo vas a dar todo, que el ropero de septiembre me lo tienes que comprar tú, que mamá me mandó a que te lo pidiera y papá también, quiero baticas como las que hay en estas hojas que tengo aquí, que son las que usan las niñas americanas, y los uniformes del año pasado, no me los voy a volver a poner; Narcisa sintió de pronto, una debilidad, un desfallecimiento; se sintió atravesando con sus diez años una enorme hondonada en el túnel del tiempo; todo se le oscureció, se sintió ligera, pensó que tal vez era ésta la llegada de la muerte; en la boca del túnel, las voces de cuatro monstruos gritaban su nombre; sintió que la halaban las vibraciones de voz; se sintió lanzada hacia los monstruos con la velocidad del pneumático de París; salió por la boca del túnel, reconoció a los monstruos, uno a uno, los vio devorando, con ambas manos, pedazos de su piel; abrió los ojos, sobresaltada; frente a ella, mamá, papá, Manengo, Florita-Ita, los cuatro, de brazos cruzados, de pie ante el sofá; mamá habló: te llamábamos, ¿es que te habías desmayado? nos cansamos de gritarte y no respondías; Narcisa se incorporó, apoyando la mano izquierda en el espaldar del sofá, no mencionó la experiencia del túnel, no quiso señalar que hubiera preferido que las voces no la hubieran arrastrado, que hubiera sido bueno no tener que salir, que hubiera sido bueno rondar el infinito; en el verano, dividió el tiempo como pudo, las calles que hasta entonces había amado, se le hicieron repetidas hasta el tedio, las excusas se le hicieron una letanía interminable: la señora de la casa no está aquí, ven más tarde, Narcisa; bueno, pero todavía es muy pronto para que vengas a cobrar, si nada más que hace dos días se cumplió el plazo; ya te dije que, bueno, no hace ni una semana que te dije que vinieras por la tarde, cuando mi esposo está aquí; mira, hasta el mes que viene no puedo darte ni un quilo porque tenemos a mi hermano y la mujer de visita y con esos gastos extra no queda plata para nada más; lo más que puedo darte hoy son cinco reales porque pasado mañana es el cumpleaños de Nenita y hay que celebrárselo; mira, aquí tienes dos pesos y con eso liquido la cuenta vieja, la nueva cuenta no la vengas a cobrar como hasta de aquí a seis semanas; Narcisa, en cada excusa, expiraba el aire por la nariz, fuertemente, como si fuera un pequeño resoplido, y se alejaba chupándose un poco el labio inferior; Narcisa desfiló por el verano, lo dejó pasar, lo vio integrarse a acumulaciones de tiempo de siglos anteriores; su obra parecía adelantar lentamente, le faltaba el tiempo para hacer planes, le faltaba el tiempo para inventar diseños y después ir a resolverlos al taller; doña Flora se había entregado casi totalmente a los episodios de "Tamacún, el Vengador Errante"; papá se ausentaba con más frecuencia que de costumbre, haciendo gritar a mamá, ¿qué, ya estás con la enfermerita pelandruja otra vez? se creerá que tú tienes cuatro reales y te los querrá quitar; papá se sonreía con cierta satisfacción de que las mujeres se disputaran su posesión, pero nunca oyó a mamá hablándole a Tamacún a las 7:30 de la noche: ése se cree que yo me he quedado sufriendo porque se fue, no faltaba más, así me quedo tranquila con esto del Vengador, porque tú, Tamacún, con ese turbante que usas como Dios manda que lo usen los moros porque tú no eres un moro como Teófilo, el de la quincalla, que tú, con ese misterio y nadie se te escapa porque sabes que el que la hace la paga: y después, al llegar la música, el silencio de mamá; durante todo el verano, Narcisa cumplió con su familia, y al llegar septiembre, siguió cumpliendo; las clases se desenvolvían a un nivel que se escapaba de la magia para hacerse rutina, porque todo es clases, trabajo, necesidades que tengo que llenarles a los demás, y la obra, ahí se queda la obra, huérfana de mi tiempo; Narcisa vio caer la tarde, en el camino a casa supo que los cobros iban retrasándole su llegada a la cena, tuvo plena conciencia de sus pasos que atravesaban el umbral de la puerta; oyó a mamá amontonando platos y calderos para que ella los fregara; no se detuvo a cenar, no se detuvo a investigar si le habían separado un plato de comida; comenzó a fregar a solas, en la ausencia de los demás; el cansancio se le fue alargando más allá de los músculos, de los huesos, de las células que le habitaban la sangre; untó el guisopo repetidamente con Farola para sacarles la grasa a los calderos y sartenes; para los platos y vasos usó el bloque amarillo de jabón Candado que había encontrado descansando en una de las losetas, cerca del lavadero; terminó de secar las últimas piezas: un tenedor y una cucharita; atravesó la casa ajena a las afirmaciones de Florita-Ita: dos niñas de la Inmaculada ya tienen anillo, mira, mamá, que me compren un anillito aunque sea de la quincalla del moro Farit, si no me lo compran de la joyería de los Isalgué, aunque sea de la quincalla del moro, pero yo quiero mejor que sea de la joyería; Narcisa vio las marcas en la frente de mamá en las que leyó la pregunta: y de dónde voy a sacar yo dinero para anillos ni anillos, es verdad que esto de tener hijos..., es verdad que esto de dejar que Pascual se encarame para después echar al mundo estas luchas, porque eso son los hijos, una lucha que no se acaba, una lucha que no se acaba jamás; Narcisa quiso detenerse a consolar a mamá por la lucha de los hijos, pero la vio apurando los dedos en los botones del radio para tratar de sintonizar la estación que le traería la música linda que anunciaba al "Spirit", una música en la que mamá nunca reconoció la Novena Sinfonía de Dvorak, la Sinfonía del Nuevo Mundo; decidió seguir hacia su cuarto dejando a mamá en una felicidad que ella no le podría proporcionar con la plenitud que lo lograban el Spirit y Tamacún; mientras subía las escaleras vio a papá enfrascado en el *Diario La Marina,* en la intensa faena de fumarse un enorme tabaco; presintió a Manengo encerrado en su cuarto; llegó al pasillo, atravesó el hueco de la puerta, se acostó estirada en la cama que ocupa ahora el lugar que había ocupado su cuna; los libros depositados en el suelo, la ropa de calle aun sobre su cuerpo, va cayendo en una profunda meditación: su cuerpo astral comenzó a moverse extrañamente con un ritmo ondulatorio, con un ritmo de bombeo como el del corazón, como el de los pulmones; hizo una brusquedad para saltar al espacio, desconoció los puntos que tocaba en la noche, penetró el tiempo proyectándose, volcándose en varias décadas; vio las figuras de papá y de mamá, vivos aun, ya viejos; mamá, doblada por la artritis, dándole órdenes de general a un don Pascual ya vencido por los años; reconoció en papá el deterioro, la erosión del tiempo, el paso devastador de la arterioesclerosis; lo vio en sus ochenta y dos años haciendo un esfuerzo por recordar el camino que lo llevara desde el parque hasta su casa; lo vio llorando al reconocer que se le escapaba la memoria; lo vio llorar repetidamente porque en un sueño reciente le habían revelado que doña Flora le había sido infiel con su amigo Alberto, pero en la revelación nunca se aclaró si el adulterio había sido sólo de pensamiento o si había sido también de obra; vio a don Pascual pasarle por al lado repetidamente a su mujer para recriminarle: hay cosas que dan asco, hay cosas que a cualquiera

133

le dan asco; y después de la recriminación, el rostro deprimido y el llanto: mira que esta mujer hacerme esto, mira que esta mujer ser capaz de mancharme el honor; doña Flora se quedaba en el balance meciendo su lamento: mira que este hombre hacerme sufrir así, esto sí que no tiene nombre, esto de inventarme maridos ahora en la vejez; Narcisa se despertó bajo lo que presintió como el canto de los pájaros en un amanecer que se imaginó resplandeciente; se dispuso a levantarse mientras se decía: la casa que vi estaba vacía, los viejos estaban solos en una casa vacía de hijos; Narcisa, en el paso de los meses, se había buscado una solución pasajera, una brecha para poder entregarse a su obra, había extendido los cobros hasta el máximo para ir reuniendo lentamente el pago de matrículas adelantadas; contó uno a uno hasta llegar a seis meses de pagos; nada dijo de este dinero escondido en el silencio de su habitación para que no surgieran necesidades que lo devoraran con rapidez de relámpago: revistas con artículos de King Vidor, sayitas como las de las compañeritas de la Inmaculada; la motera que mamá mencionaba a diario hasta que Narcisa se decidió a pasar por La Perla y llegó a casa con el paquetico: mire, mama, este regalito que se me ocurrió comprarle; y entonces, la risita y el llantico al recibir el regalo, y seguidamente, la protesta, pues ya era hora, porque desde cuándo está esto en La Perla y yo sin podérmelo comprar, si es que la vida de uno es sacrificarse y sacrificarse hasta lo último para ni siquiera poderse comprar una motera, que mucho que le pasé por delante a la vidriera antes de que al fin me la trajeran; hasta papá se había dado a la costumbre de encargarle *El Diario* y algunos tabacos sin darle el dinero para los gastos; a Narcisa le había quedado además la tarea de aviarse de ropa, necesidad que ella se había encargado de mantener al mínimo; ahora trabajaría dos semanas

más para que las quincallas, la compañía de electricidad y la de agua tuvieran tiempo para encontrar otro
cobrador; después, se quedaría diariamente en el taller
y nadie sospecharía que había dejado los cobros; cada
mes le entregaría a Manengo el dinero para la matrícula, le haría ver que la situación no andaba bien, que
había disminuido el negocio, que había perdido cobros
y que por eso no podría comprarle nada fuera de las
matrículas, y por supuesto Manengo entendería, porque ese ser tan generoso, tan puro, ese ser que me ama
en una forma tan hermosa, cómo no va a entender, si
esa criatura tiene un corazón tan noble que no tiene
nada de él, si es que todo lo da, a mí, francamente me
conmueve este ser extraño y maravilloso que es mi
hermano; Narcisa decidió iniciar con un ritual su regreso al taller; pasó el día inquieta en la limitación del
pupitre, nadie pudo comunicarse con ella, nadie pudo
sacarla de la abstracción; al sonar el timbre de las 3:00,
se apresuró a dejar atrás aulas y pasillos hasta llegar a
la calle; se encaminó llevando un aire de destino hacia
el patio del Constructor; en el rincón de siempre, apiló
varios ladrillos que le sirvieron de pedestal; se encara-
mó para mantenerse de pie, con los brazos extendidos,
los ojos cerrados, casi en trance: estoy en esta pira, la
acumulación de mi obra es siempre una pira donde se
queman los cuerpos de los muertos, donde se convier-
ten en ceniza las víctimas de los sacrificios, porque el
fuego sagrado devora a la muerte para crear ventanas
de respiración; al toque de mis manos, los ladrillos se
erguirán en procesión de chimeneas, en faros infinitos
que sobre la Tierra derramarán mi luz; en los días
sucesivos el silencio acompañó a Narcisa; se entregó a
la diligencia de los cobros con el aligeramiento de la
próxima liberación; se deslizaron los días para cumplir
el plazo; Narcisa se quedó horas en el patio acallando
el hambre del primer encuentro; al llegar a casa, nadie

protestó por su tardanza, nadie le preguntó si deseaba cenar; todos descansaban ajenos a los platos que a Narcisa le tocaba fregar; en un caldero vio un resto de plátano hervido y unas tiritas de lo que había sido carne ripiada; Narcisa comió de pie, directamente de los calderos; sin estar consciente del acto de comer, desapareció prontamente su cena tan breve; se dio a la tarea de fregar, se escurrió hacia su cuarto para no hablar: era necesario alimentar la obra en silencio; el segundo día Narcisa esperó la noche entre ladrillos que se encaminaban a tomar la forma de las chimeneas precursoras, unidos por el fuego de Narcisa, separados por el relente de la luna en las palabras mágicas de Emilio; pero Narcisa se empeñaba en creerlo: estas chimeneas son distintas, el fuego de mi creación se multiplica para que nazca una obra totalmente nueva, distinta a la anterior; Narcisa sintió que las puertas de zinc se iban cerrando en la fachada como párpados coarrugados; se apresuró a salir del patio; recorrió el camino llevando una mezcla de satisfacción y de inquietud; ya ante la puerta, levantó la aldabita para entrar; encontró la casa exageradamente iluminada; encontró a mamá en la sala, con la pierna izquierda hinchada, llena de envoltorios, reposando en una banqueta; la voz de mamá se adelantó a sus preguntas: bueno, menos mal que acabas de llegar, di tú que yo sé que tenías que andar por ahí con los cobros, porque de no ser así, me ibas a oír, porque se me ha virado el condenado pie y tengo todo el tobillo hinchado y cuando pasó todo esto en una forma tan tonta, una pisada en falso, tu papá no había llegado todavía y ya tú sabes que con el vago sinvergüenza de tu hermano no se puede contar, que si no es porque Pancha había venido a traerme un buchito de café, ni siquiera hubiera yo podido mandar a buscar a Hilario, que vino en seguida con árnica y tela antiséptica y la recomendación que no

me puedo mover por unos meses, y hoy nos la arreglamos porque Pancha nos trajo algo de su cantina, un
sopón y cocido, y nos hizo una tortilla de papas y con
eso pasamos, pero lo que es yo, no me puedo mover;
voy a mandar un recado a la escuela para que te suel-
ten más temprano para que puedas cocinar antes de
que llegue papá, y tienes que poner la mesa y fregar y
trapear el piso y pasar luz brillante por lo menos un día
sí y otro no y hay que ir lavando todos los días algunas
piezas porque no se le puede estar dando tanta ropa a
la lavandera porque ahora con esto del derrame sinobial, que eso es lo que dice Hilario que tengo, y tener tú
que estar aquí en la casa, lo poco que daban los cobros
pues ni con eso se puede contar y hay que ir reuniendo
para el uniforme de tu hermana que la van a poner en
la banda y aunque es chiquita y no puede tocar instru-
mentos, la quieren poner de mascota; Narcisa fregó en
un silencio que le fue dejando un sabor de arenas en las
encías, en la garganta, en los huecos que desembocan
en el estómago; subió a su cuarto llevando un desen-
canto demasiado grande para la protesta; al cerrar la
puerta, la voz de mamá se abrió paso entre la última
hendija: pon el despertador para las 6:00 para que te dé
tiempo de colar el café y preparar el desayuno; Narcisa
se sentó en la cama sin quitarse la ropa; sus ojos redondos rumiaban visiones en la oscuridad; sintió la necesidad de alejarse, de buscar nuevas fórmulas de respiración; se dijo que por qué no ser como papá: tomar
mujeres por sorpresa sin pensar en el riesgo del rechazo, porque eso es lo que las mujeres quieren, que así lo
asegura papá, y si viene Margarita puedo tomarla por
sorpresa, y ya la veo aquí, delante de mí, creciendo en
caderas, en senos de mujer, y la noche me empuja hacia
el asalto, pero esta mujer se diluye, va perdiendo el
sexo entre las ramas, y salgo porque si quedaran gnomos en el bosque, este invierno se haría primavera, y

caminamos tocándonos de magia, un alga de vapor nos sale al paso, pero hemos salido para vencer, para sentir la noche veloz a contrapelo; recorremos los senderos, nos ronda el relente solitario, sigues sin mirarme, caminas a mi lado de frente a la penumbra, tu voz se riega en el espacio, vamos bordeando el campo desierto; te veo caminar hacia adelante, voy siguiendo el borde de tu sombra, detenemos el paso, detenemos el pasar de nubes trashumantes, detenemos la piel junto al árbol de los gnomos, esperamos el silencio, el tuyo, el mío, el silencio del aire cubriendo las raíces; te veo caminar, negándote al destino de musa disquietante, te veo romper la noche como una visión abstracta; voy siguiendo el borde de tu sombra, atravesamos el bosque, un camino, trozos de noche, pedazos de penumbra para seguir inventando tus pasos que se hacen voz entre las hojas; sales diminuta, recogiendo entre las sombras flores amarillas; veo morir la soledad entre la yerba porque vas llenándome de flores amarillas; te veo crecer otra vez entre tus pasos; sigo el borde de tu sombra que será el borde de mi sombra en este campo desolado de flores amarillas; Narcisa saltó ante el toque irritante del reloj que marcaba las 6:00; se levantó sin deseos para iniciar una tarea que le resultaba inaceptable; cumplió como pudo con la preparación del desayuno; al llegar a la escuela, le entregó a la maestra la nota de mamá: hoy suelte a mi hija a las 11:00 porque estoy mal con esto del derrame sinobial y estoy en reposo, que así lo recomienda Hilario el farmacéutico y mi hija es la que me tiene que cuidar y por esto dejará de ir a la escuela un tiempo hasta que yo esté mejor, de usted atentamente, doña Flora; a las 11:00 Narcisa amarró los libros y se dispuso a salir; en la puerta, Margarita la esperaba; Narcisa se dijo que el silencio de sus ojos guardaba el misterio del bosque y se detuvo a mirarla breve, intensa, antes de salir; al entrar a casa, Narcisa tropezó con la voz de mamá: vamos, hija, acaba de venir, que me estoy muriendo de la sed, tráeme un vaso de agua; y la voz se multiplicaba al paso del día, Narcisa, hazme un buchito de café, Narcisa, ven, llévame al baño que desde hace horas me estoy orinando, porque lo que eres tú, bueno, que ni se te ocurre preguntarle a uno, Narcisa, acabas de ponerle luz brillante al comedor y está lleno de mentiras, mira cuántas manchas opacas hay en ese piso, que no me puedes decir que le pasaste a todo porque eso sí que no me lo voy a creer yo; Narcisa, lléname la bañadera de agua y ayúdame a bañarme porque con este derrame sinobial ya me lo dijo Hilario que no me puedo ni mover, Narcisa, prepárame la merienda, una taza de café con leche, pero que la leche esté caliente porque la del desayuno la serviste tibia y eso así no hay quien se lo zumbe, y un pedazo de conserva de guayaba y pan con queso, Narcisa, pero ¿cómo es que te tardas tanto en lavar cuatro piezas? y eso que Pancha convenció a tu papá que comiéramos de cantina hasta que yo me las pueda manejar, si no, a dónde íbamos a parar, si es el desayuno nada más que tienes que preparar y no acabas nunca; Narcisa, ve a casa de Pancha y tráeme la colección de novelas de Corín Tellado que ella me dijo que me las iba a prestar porque por ahora, con esto que Hilario ha recomendado, a oír radio y a leer novelas y para de contar, y cuando vengas, prepárame los paños con árnica porque para los derrames, dice Hilario que eso es lo único que camina; el sábado por la mañana, Narcisa se dispuso a hacer los mandados porque Manengo se había resistido a hacer de mandadero hasta que mamá pudiera arreglárselas para caminar, porque aunque mamá exigía a gritos el derecho de no ir al mercado porque figúrate, que qué es eso de que toda una señora tenga que ir a la plaza y después atravesar el pueblo cargada de cartuchos como una criada cualquiera, pero ya sé, Pascual, que cuando me casé contigo, yo debía de haber previsto todo esto porque lo que es a ti jamás se te ocurriría ponerme una criada, por Dios, si es que hasta Pancha tiene quien le friegue y le haga los mandados; pero los pleitos y los gritos de mamá nunca han traído una criada a esta casa, y ahora que mamá está enferma, nos la arreglamos con que de vez en cuando uno de los hijos de Palomo nos traiga los mandados de la tienda y ya tengo la lista de carne de sopa, fideos, garbanzos, arroz, vianda, almidón y una barra de jabón Candado; Narcisa guardó la lista en el bolsillo izquierdo de la blusa blanca; caminó varios pasos sin darse prisa, hasta pasar la casa de la vecina Pancha; llegó al corredor vacío de la casa próxima, vacío no, en el centro, Glorita, sentada en el suelo, se ocupaba en vestir muñecas de papel; Narcisa se acercó a la baranda: hola, ¿tú eres la nueva vecina que se acaba de mudar en el barrio, la hija del procurador de Bayamo? ah, ¿te van a poner en la Inmaculada? pues mira, si te fueras a Cervantes a lo mejor te ponían en el mismo grado que a mí, pero qué alegría que te hayas mudado para acá, yo, pues nada, voy a hacer unos mandados porque mamá no anda bien y hoy la criada no pudo venir, deja que conozcas a mamá, un encanto, es que mamá es tan rica, tan simpática, es un caramelito y papá es otro caramelito, mi hermano va a ser director de cine y mi hermana menor ya es declamadora y yo quisiera que tú vieras mi obra, ahí sí que si la ves te vas a caer para atrás, no, es que tienes que venir conmigo, porque yo se lo digo a mis compañeros de escuela, ustedes están tratando de sobresalir para un espacio de tiempo en el que no harán nada de importancia, pero yo, pero yo estoy creando para la posteridad; ¿sabes, Glorita, que me has caído muy bien y desde ahora te digo que tienes que ver mi obra, por qué no vamos ahora mismo? Glorita había

juntado un poco el ceño como para protegerse del vozarrón que insistía, vamos, vamos ahora mismo, pero
lentamente fue dejando las muñecas de papel en el
suelo; desde la abertura mantenida por la aldaba,
anunció: mami, vuelvo en seguida, voy con la niña de al
lado hasta la esquina; Narcisa continuó su ronquido
gordo y voluminoso: estoy terminando una colección
que es para museos, eso tiene una calidad que jamás
han podido lograr los artistas de este pueblo, ni de
otros pueblos, ni de Francia, y cuando tú veas esa
obra, ya me dirás qué artista del Renacimiento ha tra-
bajado así; Glorita siguió a Narcisa hasta el patio del
Constructor hasta acercarse a la línea de chimeneas
que se recostaban incómodamente contra la pared;
Narcisa dio unos pasos hasta tenerlas a su alcance, las
manoseó, señaló detenidamente algunos de los ladrillos, comentó a gritos el origen, proceso y culminación
de su obra, gesticuló a grandes trazos, sintió que sus
palabras le vibraban dentro, multiplicándose, habitan-
do cada poro; Glorita trató varias veces de hablar, pero
su voz se apagaba en el vozarrón; decidió irse; ya en la
puerta, el vozarrón la detuvo, qué, Glorita, esto es demasiado para ti, ¿verdad? es que es una obra tremenda,
yo sé que hay que acostumbrarse, yo sé que hay que
coger esto con calma, pero está bien, ya volveremos
para que poco a poco te vayas dando cuenta de este
fenómeno de arte; Glorita se viró aprovechando un
momento de silencio, no, no es que sea demasiado, es
que no les encuentro nada a estas chimeneas, para abu-
rrirme aquí, mejor sigo jugando en mi casa; Narcisa la
vio desaparecer; se dejó crecer la emoción, el casi regocijo: Glorita se ha tenido que ir porque esto es un fenómeno de arte, si lo que es yo, estoy segura, esto va a
quedar en el mismo centro de los siglos; una sacudida
un poco brusca la interrumpió; alzó los ojos redondos
hasta la tatagua de don Carmelo para oír: oye, Nar-

cisa, baja la voz, que esos truenos espantan a los marchantes; Narcisa se dirigió a la plaza de mercado pensando que tal vez papá tenía razón, que tal vez Glorita lo que quisiera es dejarse conquistar, que tal vez lo que Glorita quisiera es quedarse a dormir con ella; después del almuerzo, Narcisa ayudó a mamá hasta su cuarto para que durmiera la siesta y después oyera sus programas en el radiecito que le habían prestado a papá en el trabajo, colocado sobre la mesita de noche; Narcisa se alejó hacia su cuarto, subió las escaleras, se acostó en la cama que Chebo fabricó; la imagen de Glorita le fue invadiendo los ojos cerrados para irse transformando en una mujer desnuda, de pelo largo, negro, que se mantenía suspendida en el aire como una visión casi transparente; Narcisa reconoció en los senos tan hermosos una dolorosa ajenidad, y en el rostro, invadido por la violencia del aire, los rasgos niños de Margarita; Narcisa se sintió sus dedos recorriendo la hendidura que desde hacía años se mantenía libre de pañales; mantuvo los ojos cerrados, apretándolos con fuerza hasta que cesó el movimiento de su mano; se quedó dormida sin transiciones; la imagen de la mujer-niña había desaparecido para dar espacio a dos figuras alargadas, de una transparencia lechosa, elástica; la figura mujer habló con la voz de mamá; la figura hombre habló con la voz de papá; hicieron su reclamo al unísono: has saltado la barrera sin salvarte; en la pared están el cargo y la sentencia que leerás repetidamente, segundo a segundo, en aflicción eterna; Narcisa vio las figuras elongadas dirigirse a la pared, vio los índices hundiendo letras en la mampostería: sabemos que algún día llevarás a una mujer al escondite de tu hermano, y estarás allí con ella en la misma estrechez que él está con sus hombres; sabemos que éste es el pacto que los dos sellaron en el nombre de antiguos dioses; sabemos también del otro pacto, del experimento señalado por tu hermano para otro momento de este tiempo cuando ambos fundirán nuestra sangre terrible, alargada en vuestras venas; Narcisa se despertó negando, porque negar es una forma de salvarse, porque negar es una forma de escaparse del castigo; pero las figuras elongadas habían desaparecido y la defensa de Narcisa se esparció inútil en las paredes del cuarto sin ventanas: jamás mis manos han tocado mi cuerpo para contaminarse en el incesto de mi propia sangre; Narcisa no llegó a negar los pactos porque sus gritos se fueron invadiendo de la voz de doña Flora que reclamaba desde la sala: Narcisa, ven a colarme un buchito de café; los días se asimilaron a su costumbre de seguir su paso indefinido; los meses se alargaban acumulándose en los parches de árnica abrazados al tobillo de doña Flora; en el fondo de las tacitas donde quedaba un resto mínimo de café; en los escalones multiplicados por los zapatos de Narcisa; en los guisopos embarrados de Farola; en las losetas untadas de luz brillante; llegó la hora en que doña Flora tuvo que empezar a mejorar, tuvo que empezar a asumir de nuevo los quehaceres de la casa, porque el mismo Hilario lo había recalcado delante de todos: no, doña Flora, ya esto está demasiado raro, porque ese pequeño derrame que tuvo usted no puede haber durado por un año, si es que desde hace tiempo no hay inflamación ninguna, pero si usted aun se siente tan imposibilitada, tendrá que verse con un especialista en la Habana porque si yo no he podido dar con lo que tiene, eso es cuestión ya de especialista; doña Flora comenzó entonces a caminar, a desenvolverse como lo había hecho antes del derrame; Narcisa volvió a Cervantes, al mismo curso que había interrumpido el año anterior; reanudó los cobros para pagar algunos meses atrasados en la cuota del curso de cinematografía de Manengo; y los seguiré pagando, mi hermano, por un tiempo más, hasta que empieces el bachillerato, porque me han dicho que ese curso lo van a incorporar como curso adicional y electivo al programa del Instituto, así es que ya pronto no tendrás que pagar nada y yo podré dejar esto de los cobros; Narcisa recordó el silencio de su hermano, la boca apretada en pequeño circulito para ambientar su reproche, ¿y tú eres tan estúpida como para pensar que ya no voy a tener gastos? es que tú crees que voy a pasarme la vida sin comprarme siquiera ni el más elemental de los equipos que necesito? Narcisa lo vio desaparecer sin interrumpir el silencio que de pronto se abrió ante ella; Narcisa siguió su itinerario de cobros sin mucho tiempo para pensar que en ese año de 1952 ya todos se habían olvidado de la primera bomba que estalló en Pearl Harbor, de las colas que esporádicamente se hacían en las panaderías, ocasionadas, según decían, por la escasez de harina; el ritmo siguió su monotonía interrumpida aquel domingo por una excursión a la playa de Duaba; desde el día anterior, mamá se sentía muy mal, el pecho congestionado, un poco de gripe, treinta y siete y medio de fiebre, y ella insistiendo, bueno, eso en realidad no es fiebre, es nada más que un fogaje y si por eso vamos a dejar de ir a la playa, pues buena la íbamos a hacer, que esto de que Pascual se decida a sacarnos de la casa no se da todos los días; el domingo resultó nublado, pronto a lloviznas breves e intermitentes; al regresar a casa, Narcisa se llegó hasta la botica de turno para consultarle a Hilario: mire, Hilario, mamá, con treinta y ocho y medio de fiebre y el cuerpo cortado, el pecho congestionado...; Hilario recetó de inmediato: emplastos de anti-flogitina, papelillos de sulfa; otros papelillos para bajar la fiebre; esa noche don Pascual se fue a dormir al sofá porque con los quejidos y las curas que Narcisa tenía que hacerle a su mujer, no iba a poder pegar los ojos; Narcisa se dispuso a pasar la noche en un balance, cerca de mamá; ya le había aplicado la anti-flogitina y le había dado un papelillo de sulfa; el otro remedio tendría que esperar tres horas más, según las indicaciones de Hilario; la noche avanzaba, la fiebre había subido; mamá se quedó en el sopor de un sueño inquieto, en movimientos que inútilmente buscaban un acomodo del cuerpo; Narcisa vigilaba en la semi-oscuridad los gestos intranquilos que precedieron a las frases que se volcaban con esfuerzo como una letanía: soy la garrapata bembona del barrio de Juana Luz; te expreso con humildad que tengo las aletas de la nariz de puro charol; es el fuego uterino de lapas y soldados; soy la guayabita desesperada que se agarra de las velas de cumpleaños; soy el rabito incandescente de las iguanas de los Galápagos; a esas zorras que meten las colas en las candelas de los cumpleaños, hay que colgarlas en Trafalgar; doña Flora se incorporó; Narcisa trató de aquietarla como pudo, luchando contra la insistencia: tengo que irme para la calle multifacética y senatorial; la luz del día sorprendió a doña Flora ya calmada: parece que salí de un sueño muy largo y muy lejano que me llevó a un mundo lleno de disparates; Narcisa se apresuró a que su madre no entrara en preocupaciones innecesarias: eso no es nada, mama, usted se expresó en un lenguaje múltiple que se entiende en más de cuatro tensiones; doña Flora miró a su hija y pensó que ni aun ahora que era ya señorita y con sus doce años encima, podía entenderla ni comunicarse con ella, pero bueno, qué se puede esperar, si ella ni se enteró de que fue mujer, si sólo unos meses atrás cuando le empezó todo aquello, ni sabía qué era eso, que Pascual me lo contó todo, que Narcisa está sentada en el quicio de la puerta y ve el embarro de sangre en la falda y sale corriendo a alcanzar a Pascual que caminaba en la acera, acercándose a la casa: papá, papá, mire lo que me ha pasado, éste es el signo de mi muerte, mire, que algo me tragué que me ha cortado entera por dentro, dígame, papá, si me estoy desangrando hacia la muerte; pero mira que venirle con eso a Pascual, que Pascual se lo tuvo que decir, eso que tienes son cosas de mujeres y es con tu madre con quien tienes que hablar; y la Narcisa a insistir, que mamá no sabe nada de nada y usted es el que lee, el que conoce *Les Miserables,* el que sabe más en esta casa; y Pascual la tuvo que coger de la mano y traérmela, y mira que haber dicho que yo no sé nada, que bien que se lo expliqué, mira, Narcisa, eso es cosa de mujeres y te va a pasar por muchos años y lo único que puedes hacer es ponerte este paño de tela antiséptica para no embarrarte y cuando esté lleno, lo lavas y te pones otro limpio, y desde ahora en adelante estás en peligro de que cualquier macho te preñe, así es que ni te acerques a los varones si no quieres salirte con un barrigón; Narcisa, por todos estos meses, había seguido las instrucciones de doña Flora, sintiendo ante la cercanía de los varones un poco de terror; porque si me toca algún varón, puedo caer en estado y tengo que cuidarme sobre todo de los orines de Manengo, que con eso muy pronto me puede salir el barrigón, y cada vez que tengo que usar el inodoro, con una latica le echo agua y agua al borde antes de sentarme, porque eso sí que sería tremendo, que Manengo me hiciera un barrigón; doña Flora se levantó sin ayuda y Narcisa le pidió permiso para ir a recostarse un rato porque se había pasado la noche sin dormir; ya en su cuarto, se quitó los zapatos, se acostó en su cama, se tapó con la sábana, cerró los ojos, se dispuso a dormir mientras sentía la transformación de la cama en cuna, mientras sentía la transformación de su cuerpo que se reducía para alejarse en tiempo y espacio hasta la Ciénaga de Zapata, para volver veloz a una cama en una casa en una calle de Baracoa donde la esperaba el útero de su madre; recorrió al tacto la placenta, regresó más allá, salió a un espacio en el que aun ella no tenía forma; supo que aquella otra cosa sin forma que navegaba los aires a su lado, era Manengo; supo que le decía: tú y yo estaremos de hermanos en la tierra y eso no me molesta porque me ha tocado ser la estrella a la que jamás podrás opacar ni con un poco de tu sombra; estás destinada a ser un apéndice de mi luz; estás destinada a que todos padezcan el olvido de tu nombre; estás destinada a que los demás te reconozcan sólo cuando reconozcan en ti la cercanía de mi sangre; pero a esos dos que me van a poner de padres, a ésos no los he escogido yo para este tiempo, y desde ahora haré sentir el peso de mi protesta; cuando Narcisa abrió los ojos, recordó lo que su madre tantas veces le había contado: cuando estaba yo en estado de Manengo, cosas terribles pasaban en esta casa, un trotar de caballos que venían a derribarlo todo, que venían a aplastarnos, el ruido de cadenas que golpeaban las paredes; los calderos que saltaban de su escondite, de su lugar tan fijo en la alacena para estrellarse contra el suelo, y yo bien se lo decía a Pascual, oye, Pascual, qué será esto que vamos a traer a este mundo; Narcisa se levantó decidida a acompañar a mamá, a comunicarse con ella de una vez por todas; se la encontró en la cocina, preparándose una tisana de tilo que fue a tomarse al comedor, sentada a la mesa; Narcisa se sentó a su lado: ¿qué, mamá, qué se dice de la vía Mulata, usted cree que de verdad la lleguen a construir? va a ser una carretera bárbara, mamá, porque va a salir de Baracoa para recorrer todo el valle del Toa hasta llegar a Santiago de Cuba; doña Flora se había quedado con la vista perdida en un punto del mantel: lo único que puedo decirte, Narcisa, es que con tantos gastos y ese sueldo de Pascual, ya hace siglos que el cine Encanto no me ve el pelo, que lo que es "El tercer hombre", ya se me pasó y lo que es el "Arco de Triunfo", no sé de dónde vamos a sacar la peseta, que aunque ya yo haya visto una película, quiero volverla a ver, el único que no se pierde una es Manengo, pero lo que es con ése no se puede contar para que le cuente a uno las películas porque con decir que uno no entiende, ya lo tiene todo arreglado; Narcisa reafirmó los datos con papá, que es quien en realidad conoce todas esas cosas: la vía Mulata pasaría por el Manguito y la Maya, pero no por Cueto ni por San Luis; la noche devolvió a Narcisa a la cama que procedió a transformarse en cuna con una extraña rapidez que no podía medirse en tiempo; Narcisa sintió su piel reduciéndose bajo un golpe de palabra: "estás destinada a ser un apéndice de mi luz; estás destinada a que todos padezcan el olvido de tu nombre"; recibió entonces el mensaje de su memoria para recordar que desde hacía dos semanas sus zapatos habían comenzado a llevarla asiduamente al taller; dejó que su memoria repitiera el rito que cumplía día a día en el instante exacto de la puesta del sol: su altura elevada sobre un pedestal de ladrillos, los brazos extendidos, los ojos cerrados, la cabeza caída hacia atrás, como para que su barbilla recibiera el último haz de sol: "aquí, por el conjuro de las tensiones de los dioses, decreto, en esta rueda en la que nos toca girar, que cuando el equinoccio sostenga al sol en los escalones semiromboides que habitan la espalda de la serpiente cascabel, el centro de la pirámide anunciará en estruendo el triunfo de la grandeza de mi obra que opacará a la tuya hasta que te conviertas tú en apéndice de mi luz"; estas dos semanas de rito continuado le impartían a Narcisa una serenidad casi dulce que invadía el asombro de sus ojos para transformarlo en una facultad de amarse interrumpida sólo por el sobrecogimiento que le causó la presencia fugaz de su hermano cuando, en el último día del ritual, lo reconoció en la sombra que se apresuraba a desaparecer por la puerta del taller, y esta voz que vino hoy a reducirla a golpe de palabra: *estás destinada a ser un apéndice de mi luz; estás destinada a que todos padezcan el olvido de tu nombre,* le había devuelto el asombro, le había traído una indefensa fragilidad ante el proceso inalterable de su empeque-ñecimiento; supo que el pañal montado sobre la pequeña hendidura guardaba orines que convivían con el salpullido de labios regordetes hinchados por la irritación; los poros del aire vinieron a poblarse de instantes que se dislocaron del registro akásico para rodear la cuna; supo que aun quedaba por cumplirse aquella promesa que se hizo cuando sus espaldas se pegaron al suelo húmedo de la Ciénaga: su voz se lanzaría a los espacios para propagar lo que desde tantos siglos cargaba como núcleo frontal que asombraría al mundo: "República, República, Platón, Aristóteles, y cómo olvidar a Sócrates, Krishna, Krishna, Krishna"; y con el recuerdo de la promesa, la invasión de otros instantes: *Pascual, Pascual, ¿dónde rayos se metió ese muchacho? Pascual, Pascual, ¿cómo le ponemos a esto? nada, una peste, señora, una peste como a bisul-furo, y el mar que se está poniendo negro por aquella esquina de allá, todo viene de esa cosa muerta, de ese animal muerto que se ve flotando allí, con la barriga hinchada; no hay nada que hacer, Flora, ésa no se va tan fácilmente, ya verás que vuelve por ella misma, ya verás que ahorita la tenemos aquí otra vez; a ver, Pascual, vira ya, que ya se resolvió todo, ahora lo que quiero es llegar pronto a la casa para cambiarme el vestido porque este bulto me ha empapado toda;* Narcisa permaneció en la cuna con una inmovilidad atenta invadida ya, y de nuevo, por la conciencia de su propia respiración; los ojos abiertos, fijos en la pared, fueron descubriendo las líneas de tinta con los rasgos del monstruo metidas en el lienzo empotrado en la pared; a su lado, otro lienzo poblado de líneas negras que sostenían a otro monstruo; y a su lado, otro y después, otro más, hasta enfilarse los cuatro en una hilera horizontal; las caras monstruosas, desgarradoras, comenzaron a rodear la cuna y pedirle cuentas de sus actos; Narcisa sintió un mariposeo en el pecho, una infinita necesidad de justificarse, de que todos supieran que ella no tenía culpa de nada, que todo podría tener una explicación; se irguió en la cuna, se quedó mirando aquellas caras que insistían en pedir cuentas; Narcisa sintió un temor que la iba sobrecogiendo, no sabía cómo dominarlos, de pronto, en un acto repentino que la sorprendió a ella misma, estiró la mano derecha como tratando de comunicarse con ellos; los monstruos continuaron su escrutinio; Narcisa se oyó decir, hermosos, todos hermosos, caras hermosas; los monstruos fueron girando lentamente para darle la espalda y Narcisa supo la orden sin oírla, supo que su cuerpo astral se deslizaba en el aire siguiendo a los monstruos que procedieron a empotrarse de nuevo en la pared; supo que con índices inexistentes le ordenaron que se ubicara en el lienzo vacío que la esperaba; sintió entonces la fijeza de las líneas negras que formaron su rostro; sintió la inmovilidad inalterable de su gesto; desde el lino que habitaba y después de haber padecido el lapso de su incubación, abrió los ojos y comenzó a verlo todo; supo entonces que desde su último ritual en el taller, habían pasado ya tres años y que en ese instante, todos los calendarios marcaban la fecha de 1955; comenzó a reconocer la calle del Diez de Octubre; reconoció la puerta de su casa; uno a uno, reconoció a los cuatro; se reconoció a ella misma, ya tan crecida, ya casi anticipándose a ser mujer; vio a Manengo preparando la presentación de su primer film como proyecto escolar con el que se ganó una beca que lo llevaría a Roma; vio crecer la popularidad de papá y mamá como padres de un hijo que viajaría al extranjero; oyó a mamá enfrascada en conversaciones con su amiga Pancha: ya tú ves, Pancha, que yo siempre lo dije, lo que es mi hijo, tiene un talento, que para qué hablar, que ahora hasta chinechitá, que es así como le dicen adonde están los directores de cine y él allí en el chinechitá con toditos ellos, imagínate tú lo apurada que estoy para hacerme los moños y arreglarme este pelo que hoy en el Instituto van a poner la primera película de mi hijo, dirigida y hasta escrita por él, bueno, ya tú sabes, es una película de unos minutos nada más, pero hay que ver que Manengo nada más que tiene 17 años y ya becado para irse a las Europas, que si tú ves el susto que me di porque cuando yo oí aquello creí que se iba para la China hasta que me explicaron bien eso de chinechitá, que es adonde viven los directores de cine, que será una casa muy grande, como una casa de huéspedes o un caserío, pero bueno, bueno, Pancha, yo aquí hablando y los moños sin hacer, así es que ya tú sabes, en el Instituto a las 7:00 de la noche, que dice Manengo que en primera fila tenemos reservados los asientos para que veamos todo bien de cerca; desde la fijeza de las líneas, Narcisa se vio a sí misma como se había conocido siempre: hecha de ese material de sangre y células que envolvió sus huesos cuando empezó a ocupar un lugar en la placenta; supo que semanas atrás había cumplido 15 años sin celebraciones y que como regalo tardío le acababa de llegar un vestido de peterpán destinado a ser lucido en el estreno del film de su hermano; a las 6:30 los cinco miembros de la familia se encaminaban hacia el Instituto; unos minutos de espera hasta que el salón se oscurece para dejar ver claramente el título: LOS PERROS DEL CHARCO con el subtítulo de: *realismo mágico a cinco voces,* y más abajo, a la derecha, UN FILM de Manén; el silencio se interrumpió con la protesta que doña Flora dirigía a su marido: bueno,

¿qué es esto de Manén ni Manén, es que Manengo va a negar su nombre de Pascual, hijo, y tu apellido y el mío? las palabras se detuvieron con el cállate, Flora, de un Pascual que se quedó pensando que su hijo siempre sería lo mismo, que eso de Manén no era cosa de hombres como tampoco era cosa de hombres negar el apellido de su padre; la dedicatoria del film le hizo sentir un creciente malestar: *a mi madre, quien nunca comprendió mi afición por el cine; a mi padre, quien nunca me comprendió;* don Pascual se anticipó a avergonzarse de los comentarios que tendría que oír en Salubridad, y doña Flora se anticipó a preparar una respuesta para los comentarios de Pancha: decir que no entiendo su afición por el cine cuando yo hasta le quise comentar un día "Cuéntame tu vida", y él fue el que no quiso sentarse a hablar de eso, pero yo se lo paso, porque la gente que tiene tanto talento, a veces es así; doña Flora volvió su atención a la pantalla donde aparecían cinco perros bordeando un charco callejero, con los hocicos pegados al agua fangosa del charco, como si estuvieran mirándose en él; cada miembro de la familia fue reconociéndose en los personajes; Narcisa supo que ella era esa mezcla de perro bull-dog y perro chino de pelambre escasa, interrumpida por la sarna; Florita-Ita se vio en la perra poodle con la pelambre afeitada en forma tal que hiciera resaltar su frívola coquetería; doña Flora se identificó en la perra sata y gorda, de tetas colgantes, ausente de ligereza, con el pelo blancuzco un poco acaracolado; don Pascual se identificó en el perro sato de pelambre corta, negra con algunas vetas amarillas, de mirada intensa; todos supieron que Manengo había escogido para representarse un perro danés en el que, en su arrogancia esbelta, don Pascual detectó una femenina fragilidad; después de unos segundos en los que los perros volcaban su mirada fija en el charco, los cuatro perros que representan a papá, mamá, Florita-Ita y Manengo, van transformando la intensidad de la cara en una fiereza que los hace levantar los labios dejando al aire una hilera apretada de colmillos y dientes que infunden un extraño terror; el personaje de Narcisa se mantuvo dando fuertes ladridos que continuaron mientras los otros cuatro perros la acorralaban para hacerla entrar en el charco, para hacerla situarse en el centro; los perros proceden a colocarse en cruz en lo que corresponde a cada uno de los cuatro puntos cardinales; lentamente se van acercando al centro donde aun se continúan los ladridos; un close-up de cada uno de los cuatro perros agiganta en la pantalla la rigidez de la mandíbula lista para la dentellada; los cuatro forman ahora un círculo que se va apretando hasta que el ladrido se convierte fugazmente en alarido antes de desaparecer; la palabra *fin* coincidió con los aplausos de Narcisa, con el entusiasmo de sus palabras: mi hermano, qué film tan bello, qué armonía tan hermosa en la familia, por eso es que yo los quiero tanto, por esa perfección que se respira dentro de nuestra santidad; el brillo de sus ojos redondos se cruzó con la dura mirada de su hermano: siempre lo sospechamos, Narcisa, que para amarnos, tienes que inventarnos, tienes que hacer de nosotros algo que no somos; esa cosa terrible que viste en el film es nuestra realidad, es el cemento de nuestro clan que existe más allá del rechazo y del odio; no tienes derecho a hacernos desaparecer, no tienes derecho a despojarnos de nuestra esencia para convertirnos en esas imágenes que pueblan tu mente y que nada tienen que ver con nosotros; los vecinos y amigos que asistieron al estreno del film rodearon a papá y mamá para felicitarlos por el talento de ese hijo ante el cual ya empezaban a guardar una distancia reverencial; Manengo decidió el momento de salir; atravesó el pasillo seguido de mamá, papá, de sus hermanas; en el camino hacia casa, Narcisa sintió que el grupo encabezado por Manengo comenzaba a marginarla como si los cuatro tuvieran como voluntad de propósito desentenderse de su presencia; el llavín de Manengo abrió la puerta; ya en la sala, Narcisa recibió la orden sin palabras y subió a su cuarto; colgó en el armario el vestido de peterpán, se quitó los zapatos, se puso una blusa larga de lanilla blanca, colocó su cama en el centro del cuarto, se acostó boca arriba, con los brazos cruzados sobre el pecho; sintió por la abertura de la puerta el paso de los cuatro cuerpos, encabezados por Manengo, que, como autómatas, procedieron a colocarse en cada una de las esquinas del cuarto; un sudor frío recorría el cuerpo de Narcisa, en el que se depositaron las miradas de los otros; sintió sobre ella una voluntad de poder de la que quiso desprenderse convirtiéndose en tibaracón; en la lluvia que se vierte y convive entre la selva; en río que eternamente fluye para desembocar; ser río, movimiento, seguir, seguir, pero una brusca sacudida, un parón, y todo se borra; las miradas que provenían de las cuatro esquinas del cuarto, se quedaron fijas en Narcisa por un largo rato más, hasta cerciorarse de que su cuerpo había quedado completamente inerte; un golpe de mirada que salió de la esquina en la que se había colocado Manengo les transmitió la verificación a los que se habían colocado en las otras tres esquinas; les pasó también la orden de salida que había surgido en el mismo silencio en el que todos desfilaron hacia la puerta, encabezados por Manengo; las líneas negras que forman el rostro de Narcisa van despoblando el lienzo para dejar sólo unos ojos profundos, testigos de la cena final: sobre la mesa, el cadáver desnudo de Narcisa; a los extremos, papá y Manengo, vestidos de gala; mamá y Florita-Ita, frente a frente, entre los dos hombres, elegantemente vestidas; Manengo autoriza el primer corte, iniciado por papá; el enorme cuchillo en la mano firme, saca de una de las piernas una lasca larga y delgada que pasa al plato con rapidez; la hoja brilla en las manos de Florita-Ita antes de arrancar con asombrosa facilidad varias lascas de la cadera; el turno de mamá queda interrumpido en la protesta: ¿pero y este chorro de sangre que me ha embarrado todo el vestido? ¿se supone que del hígado todavía salte sangre? antes de empezar a cortar, Manengo cierra los ojos de su hermana con una delicadeza casi tierna; hace un corte desde el codo hasta el hombro; coloca la lasca sobre su plato blanco; conduce un brindis de sidra por el éxito de "Los perros del charco", hasta que de pronto, se desvía hacia una preocupación inesperada, y esto, ¿qué hacemos con todo esto que nos sobra? la voz conciliatoria de don Pascual se apresura a responderle a su hijo: esto va a los funerales... a los funerales que hay que celebrar para el pueblo